慕云之 著

心软是一种病，得治

花山文艺出版社
河北 · 石家庄

图书在版编目（CIP）数据

心软是一种病，得治 / 慕云之著. -- 石家庄 : 花山文艺出版社，2020.5
ISBN 978-7-5511-4535-0

Ⅰ. ①心… Ⅱ. ①慕… Ⅲ. ①心理交往一通俗读物 Ⅳ. ①C912.11-49

中国版本图书馆CIP数据核字(2020)第052343号

书　　名：心软是一种病，得治
Xinruan Shi Yi Zhong Bing，Deizhi
著　　者：慕云之

责任编辑：林艳辉
责任校对：李　伟
美术编辑：王爱琴
封面设计：李　一
出版发行：花山文艺出版社（邮政编码：050061）
（河北省石家庄市友谊北大街 330 号）
销售热线：0311-88643221/29/31/32/26
传　　真：0311-88643225
印　　刷：三河市金泰源印务有限公司
经　　销：新华书店
开　　本：880 × 1230　1/32
印　　张：7
字　　数：150 千字
版　　次：2020 年 5 月第 1 版
2020 年 5 月第 1 次印刷
书　　号：ISBN 978-7-5511-4535-0
定　　价：38.00 元

序

善良有锋芒，玻璃心才能坚强

“二百五的脑子配上林黛玉的心，说的就是你呢！”

《失恋三十三天》里，大老王对黄小仙说的这番话，很长一段时间都是网上流行的金句。

是的，我以为，这也是我多年的人生写照，而你一定会觉得很可笑。

我曾经也像黄小仙那样，揣着一颗易碎的玻璃心，踏着六亲不认的步伐，想要披荆斩棘我行我素。

大家都知道，越是这样的一类人，内心越是纸老虎一枚，刀子嘴豆腐心。

从高中开始，好哥们儿阿攀就嘲笑我，说我是那条在装甲车里穿着防弹衣的大尾巴狼，看着挺唬人，但其实嘎嘣脆。毕业的时候，他说：“捂好你的玻璃心，别轻易被人伤。”但我总是不听劝，二百五的脑袋总是会不间断地失忆。

没错，我就是那个虚心接受、屡教不改的人。

我依旧不懂得如何去拒绝，也不会进退取舍，还会摆阔似的耍大度，有求必应……我总是在犯同样的错误，受同样的伤，吃同样的亏。

我发现，似乎过了这么多年，我这“心软活该被坑症”还是没治好。

都说心软是一种不公平的善良，总有人利用你的善良做着那些伤害你的事，还义正词严地请求你的原谅。

你的心软，是他们伤害你的利器，俗称神器。而你，则是他们的神助攻。

其实，这样的人，说实话，我遇到过不少。手段各异，却同样可恶。而经历太多伤害的你，大概会害怕善良得不到善终。其实，你并不需要害怕，我想告诉你，善良没什么不好，只是，如果可以，请记得把你的善良只给对你好的那些人。否则你可能只感动了你自己，在别人眼里，你依旧是一个可以随意伤害的傻子。

本着这样的理念，我像很多人一样，立志要给自己的玻璃心炼出一件防弹衣来。

于是，我悄悄地把我那柔软的玻璃心锁在了保险柜里，决意让它不见天日，这大概是我能给予它的最大的保护。而它却总是偷偷溜出来晒晒太阳，吹吹海风，我竟然拿它一点儿办法都没有。

它总是吃一堑却不长一智，这令我十分懊恼，我其实……就想寻思着先治一治自己这心软的病，于是有了它——《心软是一种病，得治》。

有人说，经历过生活洗礼的人，都有一张从容淡定的脸。

我照照镜子，发现我这老脸上，除了日渐流失的胶原蛋白，还有越来越多的调皮小细纹儿，那些说好的从容和淡定呢，都去哪儿了？深度怀疑自己经历了 N 个假流年。

我那二百五的脑袋并没有随着岁月变得聪明起来，我那林黛玉的玻璃心也没有因为挫折而强大。

但是，说到底，我依然很庆幸，我没有被现实的种种折磨逼成一个心机深重的疯子，我依然还是那个善良的我。

所以，你也不要因为总是吃着心软的亏而心生怨念，这没什么，只是一个简单的病，这本书会像一剂药方一样，为你治一治，也许就痊愈了。

对，没错，说的就是你。

慕云之

2019 年 11 月 11 日

目录

第一章

学会拒绝，就不要说我试试吧

你要知道，会为难你的朋友，本质上也不是真的在乎和你的这段友谊。那拒绝这样的人，你还有什么不好意思的呢？

要知道，不懂拒绝的心软是病，得治。

拒绝是怎么回事

有人说，在这个世界上，心软的人总是承受太多，过得太累，一旦拒绝别人，就像是自己犯了错。其实，你没有错，拒绝是你的自由。

在我们日常的交际中，总会有人对你有需求，委婉的、可怜的、强势的，也总会有人想利用你的心软，为难你的善良，让你感到不舒服又不好意思戳穿他。

很多时候，面对这些人，你都会碍于情面而不忍心拒绝，尤其是在对方不断重复的请求下，哪怕是委婉地拒绝都会让你觉得自己未免有些不近人情。但是当事情本身真正使你为难时，你又会后悔，我当初怎么就不直接拒绝呢？

其实，当你对别人的要求感到不舒服的时候，你能给予自己的最好的保护方式，就是拒绝。

如果不懂拒绝，你就会陷入磨不开情面的纠结中，使自己进退两难。但其实那些不得不拒绝的事再平常不过，而因此破坏了交情的却并不多。反而是那些硬着头皮为难自己的人，更容易引起对方的误会，甚至导致彼此关系的破裂。

如果拒绝了对方的请求会令你不安，但答应下来又会给你带来更多不必要的麻烦，甚至是巨大的压力，你会继续帮助他，还是坚定地拒绝他？

在拒绝心理学里，不会拒绝也不能自如地提出想法，怕被别人拒绝的心理状态，被称为“被拒敏感”，但是这类人格的群体人际关系上看起来又特别好，他们乐于助人，口碑极好，身边的人都喜欢去“麻烦”他们。

事实上，更多的时候，他们是苦水往肚子里咽，在抱怨自己心软的同时，形成了“死要面子活受罪”的社交焦虑。

为什么你明明就很抵触，也清楚地知道自己应该拒绝，却在遭遇到对方请求的时候，还是选择了妥协呢？

大多数不好意思拒绝的心理，都是败给了心软。

不舒服的时候还要忍着，委屈自己去成全别人，已经成为很多人的通病，毕竟他们总会觉得，人情世故在交际中是始终都不可避免的，拒绝会显得自己不近人情，对方会受伤。

因此，在遇到事情的时候，总是会先考虑别人的感受，帮别人的忙时也会比做自己的事要更加谨慎，怀着一种“帮你是本分，不帮你是过分”的心态。

但事实上，太在乎别人的感受，必定就会让自己不好受，别人的得寸进尺很可能就是被你的心软惯的。

·碍于情义和面子·

亦舒在《她比烟花寂寞》里写道，面子面子面子，你到底是什么东西，这么多人为你吃苦、忍耐。

好面子是普遍存在的现象，很多的心软都是出于情义和为了面子而出现的所谓“不好意思”拒绝。结果往往都是难为了自己，也没有讨好到别人。

比如，同寝室的室友中暑导致身体不舒服，让你下班回来的时候给她顺便带一份晚饭，你欣然同意，觉得这不过是举手之劳而已。室友酒足饭饱后继续休息，留下你收拾残羹剩饭。

第二天快下班的时间，室友又给你发了一条信息，觉得你昨天的饭菜很合她的胃口，让你再给她带一份。她并不知道你今天要出差办事，回家不路过那家饭馆。

你碍于面子，心想着就带这么一两次，算了，再绕一下吧。

结果你跑了大老远的路，又折回那家饭馆给舍友带了一份晚饭。可舍友觉得，你回来得太晚，她已经饿过头，一点儿胃口都没有了。还责怪你明知道她最近身体不舒服，还晚了半小时才把饭送来。

你心里憋得慌，解释说你今天出差，是折回去给她买的。舍友觉得你没有和她说明出差情况，反而害她饿过头了，就是你的不对。

你看，明明是好心帮忙，心软的你却反而成了吃力不讨好的那个人。

假如你一开始就和她明说情况：我今天出差在外，回家不路过那家饭馆，而且可能会晚点才回家，恐怕今天是不能给你帮忙了。

你诚恳地说明了拒绝的理由，而对方如果不能理解你，反而责怪你不是不能帮，而是不想帮，你就该清楚，这类朋友并不值得你深交。拒绝这样的人，你还有什么不好意思的呢?

·害怕得罪别人·

王小波在《似水流年》里说，我向来不怕得罪朋友，因为既是朋友，就不怕得罪，不能得罪的就不是朋友，这是我的一贯作风。由这一点你也可以猜出，我的朋友为什么这么少。

其实在拒绝一个人的时候，势必会得罪人，你总是害怕得罪人，到头来就会变成别人总是来为难你，不，是麻烦你。

比如，难得这个周末不加班，女朋友说你好久没有陪她了，于是你约女朋友去看电影，女朋友正在去往电影院的路上，你却接到了朋友的电话："嘿，哥们儿，我今天有几样货物要运到，但是搬运工临时有事请假了，我一时找不到人帮忙，你能来帮我吗？"

你一下子就不知道该怎么接这个话茬，你的脑海里立刻上演了两部狗血剧。

第一部剧情介绍，你接受了朋友的帮忙邀请。于是你只能打电话给女朋友，女朋友顿时不高兴了："凡事总有个先来后到，你怕得罪朋友，怕失去朋友，那你失去我无所谓喽，那好吧，电影也不看了，我们分手吧。"

这不是你想要的结果，事实上你也期待这次约会很久了。

第二部剧情介绍，你拒绝了朋友的帮忙邀请。朋友觉得，我的事情十万火急，你想约会看电影，什么时候都可以，你这算什么朋友，兄弟有事不帮忙，净想着风花雪月。于是和你老死不相往来。

这也不是你要的结果，你很珍惜爱情，也很珍惜友情。

于是，心软的你忽然不知道该怎么选择，你让自己陷入了进退两难的地步。

假如你和朋友明说你前阵子一直都在加班，很少陪女朋友，女朋友本来今天是有其他事情的，也是特地调整了时间，这才促成了今天的这次约会，而且电影票都已经买好了。并且，如果可以的话，你建议朋友去找另外几个比你更合适帮忙的人选，希望得到朋友的谅解。

你委婉地拒绝了朋友的请求，在不得罪他的情况，还能顺道把事情推掉，成全自己的感受，又没有使自己有心理压力，这样岂不是两全其美吗？

·职责不明确，迫于压力·

赫尔曼·黑塞的代表作《德米安》里说，对每个人而言，真正的职责只有一个：找到自我。

事实上，工作中也会出现因为职责分工不明确而出现的无形的负担和压力。你不好意思拒绝同事的请求，你迫于压力不敢拒绝领导强压给你的其他工作，于是你默默地逆来顺受。

比如，新进工作单位的时候，资格老的同事会让你帮忙打印或复印文件，他们说，你们年轻人手脚比较快，这些文件领导等着要，你帮我去复印一下吧。

碍于自己是新人，你不好意思拒绝，怕给老同事留下不好的印象，但是你们其实都不是同一个部门。你默默放下自己手头的事，抱着一沓资料在打印室站了一个多小时，终于复印完，拿给同事。

同事起初还会说声谢谢，次数多了，只要有这类工作，就会对你说，你拿去复印一下然后拿给办公室，复印的活莫名其妙成了你的工作职责。

节假日安排值班，你终于值完自己的轮班，决定回家去看望父母。忽然接到另一个同事的电话，说自己和女朋友在外地旅行，恐怕赶不回来值明天的班，麻烦你帮忙替一下他的班，并且说这事已经请示过领导了，领导同意了。

你无奈，领导都同意了，你还能拒绝吗？于是回家的计划又搁置了，恐怕下一次回家就得等过年了吧。

你看，明明不是你的工作职责范围，心软的你却默默接受。

也许一开始你只是出于好意去帮助他们，那么在之后又发生类似的事情，就应该意识到你必须拒绝，以此来提醒对方这并不是我的本职工作，而是你的。你可以帮他一次，但你不可能一直帮他，乃至直接把这个工作归结到你的工作范围内。

你总想着别人让我干什么，却很少想着我想要什么。涉及原则的问题，不需要犹豫，你需要的只是直接拒绝！

·性格软弱老实·

俗话说，人善被人欺，马善被人骑。太过于善良软弱，凡事都想着谦让忍耐，把事情都往自己身上揽，就势必容易被人欺压。

比如，你在市区刚买了一套房子，才装修没多久，就有亲戚给你来电话，说来市区办事情，没地方住，想在你家借宿一晚。

你心想着，为什么不去住宾馆或酒店呢，但嘴上不好意思推拒，毕竟难得来一次，于是同意亲戚的请求。

隔了一阵子，另一个亲戚又联系你，他说，听说上次某某来市区办事，是住你家的，我明天正好也要来市区，不如也住你家吧。

你一边和亲戚打趣着，原来还有人给你在老家打广告呢。一边心里犯嘀咕，难不成老家的亲戚都把你家当宾馆了不成。但是接受了一次，你又不好意思回绝，于是你又同意了。

这么一来二去，老家但凡有人来市区，都开始往你家留宿，你家成了“御用避暑山庄”，走了一波又来一波，甚至连八竿子打不到的同村老乡都往你家跑。你不胜其烦，终于鼓起勇气想要拒绝一次，话还没说出口，对方先发制人，说了一句：“他们都说你人好，你不会拒绝的吧？”你把已经到嘴边的拒绝硬生生吞了回去。

你看，你总是见不得别人楚楚可怜，听不得别人连声请求，你总是有求必应，你的心软成了别人手里的软柿子。

凡事都是过犹不及，把握好限度，磨炼自己的气质，你要让对方看到你的底线，而不是纵容别人侵犯你的权利。

《图解对话力》里关于“拒绝”有这样一段话：如果你觉得难以拒绝他人的请求是因为不好意思的话，那么你大可不必担心。职场中你只需要做到拒绝他人的时候，不让对方产生不愉快的感觉。这样既巧妙地拒绝了他人，也不会引起彼此的不愉快，还能避免矛盾的产生。

我觉得，这条准则不只适用于职场，也同样适用于我们生活中的各方面。

希望能与你共勉，扫除你心中的茫然和不坚定。

不回答，别人就懂了

·1·

我们都没想到，读书时候英语最差的珊珊，现在居然在杭州开了一家工作室，专门教授少儿英语。珊珊为人和善又耐心，很受学生欢迎，她的工作室几乎承担了周围小区大部分孩子的英语教育。她自己偶尔还会接一些翻译的单子，用她的话说就是“赚点外快”。

珊珊做事业做得风生水起，她难得回来一趟，我们几个好友约好一起聚一聚。

刚一坐下，薛琳就调侃珊珊：“珊老板，我记得读书那会儿，你的英语成绩可是我们中垫底的，你还专门教人家英语，你不怕误人子弟啊？”

珊珊得意地说：“读书那会儿，那都是十几年前的事了，我现在英语可不垫底。”说完，还挑衅地挑眉看了一眼薛琳。

薛琳和珊珊每次一碰面就互相挤对掐架，我们都已经见怪不怪了。但今天薛琳却一改往日风格，虚心地请教起珊珊来：“快跟我们说说你的艰苦创业史。”正在我们疑惑不解薛琳的反常时，薛琳无奈解释说：“哎呀，我表妹快毕业了，一直想着创业，我看看能不能也往这方面发展一下嘛。”

珊珊和我们分享她的创业经历，正说到兴头上，薛琳忽然打断了她:“珊珊,要不你收了我妹吧,让她去你那实习学点儿经验？”

珊珊的工作室正好想招聘老师，便问道：“你表妹学什么专业啊，英语怎么样？我那边正好需要几个英语老师，现在的老师都忙不过来。”

薛琳摆摆手，无所谓地说：“英语呢，她是不行的啦，打小就不喜欢英语，ABCD 认识她，她不认识它们啊。”又对着珊珊笑着说，“这不是有你吗？老板是你呀，这招聘一个人不是你一句话的事吗？”

珊珊一愣，拿起手边的咖啡抿了一口，没有回答薛琳。

气氛顿时有些尴尬，我们都有些看得出来，珊珊似乎不太乐意接手这个“烫手的山芋”，但也不好意思驳了好友的面子。薛琳却还一脸盼望地等待着珊珊点头。

还是阿振机灵，拉着薛琳去买蛋糕，顺便问我们想不想吃，及时拉走了薛琳。

“我们工作室虽然小，但也是一个萝卜一个坑，连接待老师都可以客串上课的。”她们刚离开没多久，珊珊便松了一口气地说，“幸亏阿振把她拉走了，不然我还真不知道怎么回答。”

我取笑珊珊：“怎么，这回不心软‘收留’啦？”我想起上次珊珊也遇到过类似的情况，对方还是她的初中同学，结果在珊珊的工作室没待多久就不欢而散了。

珊珊苦笑：“可不敢再心软了，吃一堑长一智嘛。但是又不好意思直接回绝了阿琳，只好‘装死’喽。”

我点头赞同珊珊的说法，碍于个人情面的录用都是在开后门，何况像她们这些，专业不对口又没有这方面的兴趣爱好，想培养都很难。

很快，阿振和薛琳端着蛋糕回到了座位上，关于薛琳表妹的工作的事也因为他们买蛋糕而打断，大家默契地谁也没有再提起。

晚上到家之后，珊珊给我发了一条微信，我才知道原来不是薛琳买完蛋糕忘记了，而是在去买蛋糕的路上，阿振已经“教育”过薛琳了。

当时，薛琳没有得到珊珊的答复，有些不情不愿地被阿振拉着去买蛋糕。

阿振拍着她脑袋说：“你傻呀，珊珊这是不想驳了你的面子，但这件事对她来说又很难抉择，才没有直接回答你。”

薛琳这才恍然大悟珊珊为什么忽然喝起了咖啡，她还天真地以为珊珊是口渴了。

容易造成双方都困扰的问题，不愿意直面拒绝的尴尬，驳了朋友的情谊，不妨试试沉默。都说沉默是金，开口是银，你不回答，别人就懂了。

·2·

阿超是个很注重感觉的人，在相亲看脸的时代，像他这样靠第六感存活的男生相对是比较少的。但他最近就遇到了“第六感挫败”。

前阵子，阿超又去相亲了，终于遇到了让他“有感觉”的姑娘。姑娘比较内向，沉默寡言地坐在对面。为了不冷场，阿超使尽浑身解数地找寻共同话题，但姑娘似乎只是“两耳不闻窗外事，一心只读圣贤书”。可是，阿超问姑娘对什么书感兴趣，姑娘也只是很空泛地回答“广泛”，或者就干脆闭口不回答了。临走的时候，阿超要了姑娘的微信号，发送的请求却至今没有通过。

阿超觉得自己特别挫败，连继续相亲的斗志都没有了。

小博听不下去了，拍着桌子说道：“什么姑娘，这么高冷！直接拿下呗！”

阿超点头表示赞同，难得遇见心仪的姑娘，说什么都要努力一把，不想因此错过了。姑娘不通过验证，他就一直发，发到她通过为止。他相信，总有一天，自己的坚持不懈会感动姑娘。

两人见我一直坐在那悠闲地喝着咖啡不说话，都有些疑惑，小博问道：“云之，我们这里，只有你最了解女生，最有发言权，你就不帮阿超出谋划策追一下姑娘？”

“照我说呀，你就赶紧放弃，准备下一轮相亲算了。”看着他俩想用手上的杯子砸向我的表情，我只能表示无奈。

其实，和阿超相亲的姑娘我正好也认识，是我一个朋友的朋友，叫草莓。

巧合的是，他们相亲那天，我正好和朋友在街上逛街，草莓发来微信求救，让朋友稍后打电话过去，她好找借口溜出来。后来草莓来找我们，辗转描述才知道，草莓今晚的相亲对象居然是我的哥们儿阿超。

相处下来，草莓并不像阿超说的是个沉默寡言的姑娘。至于当晚的内向，草莓是这样和我们说的。

草莓其实并不想去相亲，只是迫于家里的压力才去走个过场。

她说阿超很健谈，看得出来阿超对她很有好感，但他不是她喜欢的类型，所以她不想表现出很热情的样子，免得最后会更加尴尬。

“那人家加你微信了，你怎么也得通过一下，做不成情侣，做朋友也好啊？”阿超是我哥们儿，我自然要为他说话，说不定还能促成一对佳偶。

草莓摇摇头，坚定地说：“我觉得我已经表现得很明显啦，不回答他，不通过验证，也许他就应该懂得我对他没有感觉。”她想了想，又补充道，“要是我给了他希望，回头又不搭理他，不只你们可能会怪我，连给我们做介绍的人也会觉得尴尬吧。”

朋友取笑草莓：“说得这么冠冕堂皇，还不是你自己心软，怕得罪人家，怕得罪介绍人，还有得罪你爸妈喽，索性就来这招缄口不言，等着对方自己打退堂鼓放弃。”

“也对，也不对。也许以后还会再见面，到时候也不至于为难，可能那时候还能做普通朋友，只是认识的场景不同，需要不同对待而已。”草莓反驳。

朋友笑着说了句：“你这个鬼灵精，考虑够长远的。”

草莓笑而不语，没有接朋友的话，不过她要表达的意思，我和朋友都已经懂了。

草莓说得也有道理，但我更愿意让她直接拒绝了阿超的追求，来个快刀斩乱麻。但也许对她来说，这样的方式才是最合适的，不至于弄得大家都尴尬。

很多时候，不回答也是最好的回答，既保留了彼此的情面，也避免了不必要的尴尬，同时也给再见留有缓冲的余地，不失为一种两全的办法。

·3·

Apple 意外接到大学室友的电话，室友说自己过阵子要结婚了，远嫁省外没有什么朋友，邀请 Apple 去给她当伴娘。事实上，Apple 毕业后一直留在杭州工作，她们就基本没有再联系过。

Apple 觉得太远了，自己又要请假，又要坐飞机，到了那边还要住宿，这些都挺麻烦的，于是，Apple 拒绝了室友的邀请。

没想到，隔了几天，室友又打了电话来。

"我的好 Apple，你就飞过来嘛。你知道，我这个年纪才嫁，伴娘好难找的呢。"室友可怜兮兮的语调使 Apple 有些动摇，"我知道你最好了，你就忍心拒绝我吗？"

Apple 被室友的糖衣炮弹炸得有些无力招架，但是又不忍心拒绝室友第二次，无奈地只能先使用缓兵之计："我考虑下吧，公司里还不一定有假期给我呢，不确定能不能来哟，晚点确定了我再告诉你。"便匆匆挂了电话。

挂了电话，Apple 便组织了一个临时群，拉了我们一众好友给她"投票"出主意："姐妹们，你们说我要去吗？实在是太远了。"

"很明显嘛，你自己也不想去啊，劳民伤财的，那就直接拒绝呗。"饭饭秉持着一贯直爽的个性，她从来不喜欢做事拖泥带水。

Apple 有些为难，给我们发了一个纠结的表情，后面跟了一句："但是已经来了两个电话，我不好意思再拒绝了呀。"

饭饭又回复了一条："目测 Apple 的心软病又要发作了。"随即丢了一张"恨铁不成钢"表情包。

Apple 最终也没有纠结出个所以然来，又不想扫了室友的兴，一拖再拖，工作的事情忙起来后，就把这件事给抛之脑后了。室友呢，则认为Apple一向心软，没有明确地回绝她，便是接受了她的邀请，在当地开了一个房间等着Apple的到来，还替Apple备了一套合身的伴娘服。

婚礼的前一天晚上，室友一直没有收到Apple的消息，怕她人生地不熟地迷路了，打电话给她，Apple才想起来之前没有明确地回复室友。

面对着室友的来电，Apple有些局促。

电话接起便响起室友兴奋不已的声音：“嘿，亲爱的，你到哪儿了？要来机场接你吗？”

Apple此时不知道该怎么回答室友，嗯了半天，也没想好怎么接室友的话茬。

室友以为Apple不认识当地的路，立刻紧张了起来：“你在机场等着就好啦，等下我老公的朋友也要到了，你们一起在候机大厅那等着就好了，我们来找你们。”

“那个……我可能过不来了，伴娘的事你看看能不能找你老公的表姐妹之类的替代一下？”Apple鼓起勇气，利索地一口气把话说完，等着挨室友的口水。

室友一听，果然炸了，就听到电话那头激动地说道：“什么？！你不是都答应我了吗？我还以为你是要给我惊喜才没有回复我！”

Apple自觉理亏，但听到室友这么说，她依然反驳道：“我之前就拒绝过了，后来也没答应你……”Apple越说越轻，“我以为我不回答，你应该懂的嘛……”

“我不懂！那你也没拒绝我呀？！”室友却越说越激动，“你没明确拒绝我，我就以为你是答应我了呀，房间、衣服我都给你准备好了！你……”话还没说完，室友便气得挂了电话。

Apple 此时有些后悔自己的心软。为了顾及彼此的友情和面子，她自认为室友会懂她的缓兵之计是一种变相的拒绝，可结果却是“你不说，我不懂”，反而造成了无法挽回的裂痕。

学会正确地面对自己内心的需求。你坚定地表达自己的拒绝，再选择沉默，比给对方一个模棱两可的答案更好。

你要做的，只是让对方懂你的拒绝，而不是猜测你的心思。

对不起，有礼貌地婉拒

·1·

佳怡是我大学时认识的姑娘，读同一个系，住同一层楼，直到现在，说起我们相识的经历都还觉得有些莫名其妙。

那天寝室停电，我跑到天台去吹风，看到角落里一个姑娘在唉声叹气，本着“知心姐姐”的本分，我便走了过去，坐在离她不远的地方。相对无言坐了很久，她忽然开口说：“同学，你觉得谈恋爱累吗？”还没等我回答，她自顾自地又说，“我觉得好累，现在好迷茫。”

她自我介绍她叫佳怡，男友在广电学院就读，离我们学院不远。以前下课后，男友都会来找她，两人一起吃完饭就在附近园区的公园约会，或者去广场上看看热闹。小日子过得也还算甜蜜。

可最近男友认识了几个学长，陪她的时间越来越少，男友出入的场合也越来越杂。之前还在园区的小酒吧里喝多了，和其他学院的学生闹了点儿不愉快。为此，佳怡非常生气，不希望他和他们再有过多的接触。

男友觉得这是他的社交圈，不想佳怡过多干涉。但偶尔有些场合，男友还是会带着佳怡一起去，比如学长的女友生日，或者学长的球队拿了校级比赛奖杯等。佳怡每次都不想去，却每次都心软地答应了男友的邀请，但每次回来又都觉得自己非常不舒服。

佳怡清楚自己根本不喜欢这样的社交圈，也不适应这样的环境。

“你是不是想拒绝，又怕男友生气啊？”我总算听出了她觉得“谈恋爱累”的根源。其实就是不知道该怎么拒绝男友的邀请，害怕拒绝会引起男友生气或不满，甚至害怕会因此导致他们感情的破裂。

佳怡点点头，犹豫地说：“他说今天一个学姐过生日，他们几个朋友都去了，晚点儿可能又会来叫我。我真的不想去了，我们已经很久没有单独约会了。”她像个小媳妇儿一样抱怨，“上次他一个朋友还问他我怎么老是板着脸不会笑，是不是和他吵架不开心。这样的应酬多了，真的很累。”

“与其勉强自己做不开心的事，你倒不如直接和他说，不过表达上需要稍微调整一下，委婉地提醒他呀。”用我哥们儿的话说，我又开始出馊主意了。

看着佳怡似懂非懂，我开始对她进行“洗脑”。我斩钉截铁地对佳怡表示，谈恋爱是件愉快的事情，你不能因为你的心软和胆怯，既委屈了自己，又使自己的感情出现危机。

我们聊得甚欢时，佳怡的手机响了，她看看我，皱起了眉头。我赶忙暗示她可以试试委婉拒绝的方式。

电话那头，没等佳怡开口，男友就先发制人：“在哪儿呢？我来接你，学姐他们都已经过去了。”

“额……”我朝佳怡点点头，给了她一个加油的手势，她深呼吸后说道：“对不起，我不想去。你先别激动，听我说完。”没给男友插话的机会，佳怡鼓起勇气又说道，“我知道你想把你的朋友介绍给我认识，但是我真的不喜欢那种场合。我每次去都觉得自己坐在那里好突兀，你们玩你们的，我坐我的。每次回来我都觉得自己好累，上次你朋友问你的话你应该还记得吧？与其勉强自己去，我不开心，你们可能也玩得不尽兴，那我觉得我还是不去了吧。”

男友简单说了句“那我去坐会儿”便挂了电话。

挂下电话的佳怡既紧张又害怕，她好担心男友不理解她的婉言拒绝而生气。却没想到还没半小时的工夫，男友又来了电话，说自己就在我们宿舍楼下，等着佳怡下楼去过他们的二人世界，还顺便跟佳怡道歉：“对不起，一直顾着自己开心，没顾着你的感受。”

所谓伸手不打笑脸人，拒绝的方式有很多种，有礼貌地婉言拒绝，通常情况下也会获得对方的谅解，在乎你的人，同样会在乎你的感受。

·2·

小花在一家广告公司做文案，看着美工组的同事都在熟练地操作 Photoshop，做出来的图片既新颖又漂亮，她也有些手痒痒，其实最吸引她的，是能把人物照片修得美美的。

年末的时候，公司组织了一次旅游，小花拍了很多照片。有一张照片她特别喜欢，不论是从景致还是自己的表情、pose 都很到位，唯一美中不足的是，照片中的角落有一个空瓶影响了整张照片的美感。这让小花非常纠结，她把照片发给我看的时候，异常激动，就差没用时光机把空瓶的主人揪出来“教育”一番了。

小花正敲着键盘跟我抱怨着，被路过她身旁的美工王玲看见了，王玲便自告奋勇地帮小花处理了这个碍眼的空瓶，顺便还把照片中的小花又美化了一番，这对王玲这种 PS 高手来说简直是小菜一碟。

小花对此非常感激王玲，两人也因此成了好朋友。

因为修照片的事，小花对 Photoshop 产生了浓厚的兴趣。从书店里找来基础教程，从网上各种论坛找来视频，开始钻研 Photoshop 技术。

我不止一次劝诫小花，先把自己的本职工作做专业了，再辟新领域会更顺手。

小花不以为意，她觉得技多不压身，一有空就抓着王玲问一些学习中的疑问。但其实，小花平时堆在手里的文案都已经需要加班加点赶工了，对于 Photoshop 的学习反而显得进度缓慢。

小花的技术还不精，王玲的问题却来了。

王玲的一个项目，客户要求修改一些细节，而且要在最近几天定稿，却怎么打电话也联系不上王玲。老板气愤地在公司抱怨王玲，明明请假去韩国旅行的时候，老板还再三找她确认过手里的项目情况，她信誓旦旦地说没问题，老板才批的准假，结果却让客户找上门来。

小花偷偷给王玲的微信留了言：“你那个广告项目的图，客户要修改，找不到你，都找到老板那儿啦。”

等到王玲晚上回了酒店，连上了 WiFi 才收到小花的留言，王玲立刻就回了信息："这事还真的是忘记了，前几天客户有联系过，我想着稍微拖几天也没事。"

"那现在怎么办？你那边带电脑了吗？修一下图给客户传个E-mail过去呗。"回复王玲信息的时候，小花正和我在吃饭，还一边跟我说："王玲这个马大哈，经常忘事。"

王玲想到小花最近在学Photoshop，立刻就想出了一招，回复道："你不是也会PS吗？不如你帮我修一下吧，江湖救急。"

小花忽然有些不知所措，就自己这半吊子，连图层都还要搞混淆的人，帮她修这种专业的图，万一修得不好，岂不是还帮了倒忙？

没等小花拒绝，王玲又回复了一条："就一些很简单的小细节，我告诉你怎么修改，帮帮忙啦！"外加一个撒娇的表情。

看着王玲又是撒娇又是卖萌地使尽浑身解数，就为了让自己答应帮忙，小花也有些心软了，心想着也许能帮上这个忙，反正也有王玲指导，便答应了下来。

尽管有王玲的指导，对于商业性设计，小花毕竟是个新手，连软件中很多快捷键都还记不住，自然也很难把设计稿处理到满意的地步。而王玲把大部分心思都花在旅行上，没仔细检查便把稿件发送给了客户。

小花和我聊起了这件事的后续，觉得自己特别委屈，她明明已经竭尽所能地熬了两个晚上来帮王玲的忙，最后却反而因为这件事而差点毁了她们的关系。

王玲回来后，一上班就被老板叫去谈话了。从老板办公室出来以后，王玲生气地指责小花没有尽心尽力帮她，这么简单的修改都没有处理好，分明就是想看她的笑话。任凭小花怎么解释，王玲都听不进去，甚至两人那段时间里在办公室处于很尴尬的一种状态。

你害怕得罪别人，却又不肯衡量自己的能力，架不住别人的请求心软应承了帮忙，却反而可能成为你们之间的鸿沟。也许只有你自己清楚，你已经尽力而为了。

·3·

方筠刚来杭州的时候，在三墩附近的某小区租了一套二室一厅的房子，除了一个电视机和两个空调，其他什么都没有，加上高昂的房租，于是，她想着找个人一起分担房租，便做起了“二房东”，把一个小间租给了一个大概 20 出头的姑娘，叫圆圆。

方筠给自己申请了一条宽带，方便下班以后打发时间，也不担心偶尔加班需要传送资料，用她的话说，小日子过得还算是惬意。

后来有一天快下班的时候，方筠想念古墩路上的后宅鸡爪面，约我一起吃晚饭，刚坐下，就听她开始吐槽合租的姑娘圆圆。

圆圆在附近的红星美凯龙打工，下班后无所事事，有一天敲开了方筠的房门，拿着手机对方筠说道：“小方姐，你的网络能给我用一下吗？我想上网下载一些学习资料。”

毕竟是合租在一起，方筠不好意思拒绝，便把 WiFi 密码给了圆圆，心想着，下载一些资料，应该也占不了多少网速。她没有在意，关上房门继续玩自己的游戏。可越玩越觉得卡顿严重，想着也许是圆圆在下载资料的关系，便退出了游戏，等着圆圆下载完再登录。

第二天下班，圆圆还没回来，方筠觉得网络顺畅了很多。可等到圆圆回家，网络又开始卡顿严重了。房门外是圆圆响彻整个客厅的笑声。

不是说下载资料吗？如果长期要使用网络的话，方筠觉得让圆圆平摊宽带费也是合情合理的。于是，这回换方筠敲开圆圆的房门。

“圆圆，你资料下载完了吗？如果已经下载完了的话，我就把网络关了。”方筠一边观察着圆圆的表情，圆圆瞟了一眼手机里还没停顿的综艺节目和电脑还挂机的游戏，方筠也看了一眼圆圆的手机和电脑，继续说道，“要不然这样，你如果长期要用网络的话，这个宽带费用我们俩就平摊好了。”

圆圆略尴尬地扯了扯嘴角，讪讪地说道：“额……下载得差不多了，回头我下载完就退出。”方筠前脚刚踏出圆圆的房间，后脚就听见门后响起重重的关门声。

方筠半夜上洗手间的时候，听到圆圆的房间飘出几句话来：“你说这人小气不小气，不就用点儿网络嘛，还要我平摊宽带费，我才不干，我的钱不是钱啊？我就是不退出，她也不知道呀！你说对吧？”

考虑了一晚上，方筠越想越郁闷，越想越生气。目前的宽带是自己掏腰包安装的，自己好心让她使用下载资料，她却占着网速看综艺玩游戏，让她平摊网费还被说成是小气。大家都是独自在外打拼，生活都不容易，何况只是合租的伙伴而已。

晚上回家之后，方筠就把 WiFi 密码改了。这回换圆圆生气了，朝着方筠的房间破口大骂。难听的话使方筠听不下去了，走出房门对圆圆说：“对不起，招租的时候就说过是没有网络的。这个网络是我自己掏腰包安装的，本来也是看你比较勤奋，下载学习资料才给你使用的。既然你是看综艺、玩游戏，又是长期使用，你又不肯付网费，那就只能抱歉了，毕竟大家生活都不容易，还请你谅解。”

到了月底，圆圆便主动提出不续租了，方筠也没有挽留她。

方筠问我，自己这样做到底对还是不对，感觉似乎有些过分了，细想下也不是什么大事，就是用下网络而已。我只能说，如果圆圆没有破口大骂那一出的话，或许也不至于把两人的关系搞得这么尴尬。

会令你为难的人，本身也不见得有多在乎你。拒绝那些不在乎你的人，你有什么好心软的？

学会拒绝，就不要说我试试吧

·1·

路过李雅的公司楼下，正好约她一起吃午饭，李雅就顺便和我说起了她最近遇到的一件糟心事。

就在几天前，朋友周庭给她打来了一个电话，要知道她和周庭已经很久没有联系了，久到已经可以用年来计算了。

和周庭的上一次联系都已经是两年前的事了，当时周庭找李雅来借钱，说好借两个月的，后来过了一年半才归还，搞得李雅焦虑了好一阵子。

“他不会又是来借钱的吧？”我觉得他除了来借钱，估计也没什么事要联系了。

当时李雅接起电话就听到电话那头热情的声音：“嘿，小雅儿，最近还在相亲吗？我一哥们儿最近叫我介绍对象，我就想到你这个单身汪了，怎么样，有兴趣吗？”

李雅对相亲都已经见怪不怪了，玩笑道：“可以啊。谢谢庭哥还这么惦记我的感情生活，事成了给打赏。”

周庭一听，顺势就来了一句：“往后的打赏先别说了，哥们儿最近手头有些紧，想找你借点钱调剂一下，不知道行不行啊？”

李雅当时心里就咯噔了一下。

刚听到这里，我不耐烦地打岔："搞了半天，不是来给你介绍对象的呀？那你不会又答应了吧？上回是借五千，这回是借多少了？"

"一万。说是过几天等一个基金到期了就还给我。"李雅觉得这回可能是真的，不可能这么倒霉被同一个人坑两次吧？

"那你哪来的钱啊，你不是前阵子才付完房租嘛，又给你弟汇了一笔学费，我看你自己都资金吃紧了吧？"前阵子李雅才和我说起过这些事，我知道她现在手头也不宽裕，"你干脆就直接回绝算了，自己都要吃土了。"

"我当时也是这么想的。"李雅显得有些吞吞吐吐的，"不过我后来想想，可能他真的有急用呢。"

"所以你就答应啦？"我忽然有种恨铁不成钢的感觉，"你这心软的性子什么时候能改改啊，你自己都不宽裕，那直接拒绝就好啦，你忘了上次的教训啦？"

"我就跟他说'我试试吧'。哎呀，朋友嘛，不太好意思拒绝啊。再说了，反正也就几天嘛，我信用卡可以先去取点现金给他，过几天他把钱还给我了我再还进去就好了。"李雅觉得自己的如意算盘打得还不错，都已经将这些都规划好了。

"那你都盘算好了，还糟心什么呀？"我有些不解。

原来糟心的问题就是李雅的这份"心软"，明明已经有了前车之鉴，还学不会拒绝。眼看着信用卡还款日就要到了，李雅也有些急了，给周庭打电话，没接，发信息，没回。李雅心想着，不至于一万块钱就跑路了吧？那这债务不就落到了自己头上吗？

那也够烦的了。

周庭又过了两天才出现在李雅的手机屏幕里，李雅一接起来就听到电话那头可怜兮兮的声音："哎呀，小雅儿，不好意思啊，我还得再过几天才能还给你啊，我媳妇儿那资金周转出问题了。"李雅也无奈了，总不能上他家门口去蹲点喷漆吧。

于是，李雅只能把自己的开销降了一个档次，过上了拮据的生活，先把剩余的工资给自己的这份"心软"还款。

心软是一种不公平的善良。很多时候，因为心软，你不懂拒绝，帮别人解决难题，就会给自己找难题。

·2·

林语刚来我表妹工作室的时候，是个刚毕业不久的小姑娘，最让我佩服的是林语的海淘本事，她的一应物品清一色是自己从国外网站购买的。偶尔一些网红产品，林语也会多带一点儿，放在朋友圈当作代购，给自己赚点零花钱。

不过林语很快发现，这技能在他们工作室出名了也不好。

综合部的刘大姐不会操作淘宝 App，经常需要她女儿购买结账，自己只负责把看中的东西放入购物车，时间久了，买的东西多了，她的女儿就开始要念叨她稍微节省一点儿，刘大姐对此一直闷闷不乐，她常跟隔壁桌的同事抱怨："哎，年纪大了，跟不上年轻人的步伐，连购物都不自由。"

自从林语来了之后，刘大姐得知林语会自己海淘，就经常拿一些列好的清单交给林语，笑呵呵地说："小林啊，你海淘的时候帮姐姐把这些东西也一起带一下。"

起初还只是一件两件东西，林语也就欣然接受了，反正自己也要买的。可是随着次数的增多，刘大姐的清单也越来越长。

看着手里满满两大张购物清单，林语有些无所适从，心想着，这哪是刘大姐一个人用得过来的，算上七大姑八大姨的使用量，一时三刻也用不完吧，何况有些还是重复的。

“刘姐，这里有些东西都是你之前带过的，都是有保质期的，你上次的还没用完吧？不如等用完了再带啊？我自己的也还没用完，最近不打算海淘。”林语边说着边指了指清单上的几样东西。

“用不完可以送人嘛。毕竟外面带回来，算上邮费和关税，也比国内买便宜呀。你自己这回不带的话，就当特地帮姐姐的忙吧。”刘大姐一脸坦然。

既然刘大姐都这么说了，林语觉得再拒绝就太不近人情了，无奈地说道：“好吧，我试试，但是这里有些不一定能淘得到的。”刘大姐说了声没关系，就转身走了。

过了几天，林语和小何吃午饭的时候，无意间听小何说起了刘大姐。

“小林，你知道刘大姐的女儿也是和你一样做海淘代购的吗？”小何好心地提醒林语，“刘大姐还在朋友圈里给她女儿打广告呢，让我们都去她女儿那买东西。”说着还翻出了刘大姐的朋友圈给她看。

林语一看，最近几天的朋友圈都是接受预定的广告，文案下的产品图片不正是刘大姐前几天给自己的海淘清单吗？林语有些纳闷：“我怎么没有看到过这些消息啊？”

林语说着就拿出了自己的手机，刘大姐的朋友圈俨然写着“朋友仅展示最近三天的朋友圈”。她顿时觉得心里堵得难受，但又说不出口。

后来我想托表妹找林语帮我带几样保健品，听表妹告诉我说林语辞职了，走的那天还听到刘大姐在说：“做得好好的，怎么辞职了呢，以后刘姐找你带东西岂不是很不方便了呀。”林语笑而不语。

·3·

韩胜洋最近刚买了一台 MacBook Pro，在官网下完单就立刻把订单详情截图发给了陆侃，顺带给他留言：“哥们儿也是有苹果电脑的人了。”末了还配一个狂傲的大笑表情。

陆侃收到信息的时候，正和我在聊天，笑呵呵地就说了一句：“你看，这孩子也跟你一样傻，买一台苹果电脑都可以买好几台国产电脑了，还能让你年年用新电脑。”

作为忠实的果粉，我就不乐意听到他这个论调了，反驳道：“话不能这么说，这怎么能是傻呢，至少我用了四五年，系统还是飞快，一点儿都不卡。”

我知道陆侃取笑我什么。上次我把自己电脑锁住了，输入的密码明明正确，却始终都打不开，我又是百度又是问人也没有成功破译。

当时陆侃就笑我：“你说这要是换成其他电脑，早就一个重装系统就解决问题了。现在你看，这个 bug 你要怎么解决？度娘也救不了你啦。”最后我还是找电脑维修店的人，另外还配合了苹果售后才打开的。

没过几天，韩胜洋抱着 MacBook Pro 来找陆侃，说电脑坏了。陆侃细问下才知道和我的情况差不多。陆侃虽然也是个电脑高手，但是当时也没有解决我的电脑问题，现在韩胜洋也来找他，他便建议韩胜洋像我一样直接去找电脑维修店。

韩胜洋略有些不高兴，对陆侃说："你不是电脑高手嘛，你朋友不是也遇到过这个情况嘛，再说了，去电脑店还要花钱。"他想了想，又接着劝说，"你不用怕会修坏，还在保修期内，没事的，你试试嘛，大不了返厂换一台喽，哥们儿我相信你。"

"没把握的事，我可不敢乱尝试，这也是减少不必要的损失嘛。"陆侃坦诚地解释道，"我朋友当时也是先拿到我这里的，我没有帮她解决这个问题，她最后也是拿到电脑店去修好的。你们俩的问题是差不多的，所以我还是建议你去找专业人士来解决这个问题。"

韩胜洋见陆侃都这么坚定地拒绝他了，只好决定拿去电脑店维修。这时陆侃才把我告诉他的维修地址告诉韩胜洋："呐，这个是维修地址，我朋友当时就是拿去这个店的，他们对这个问题已经有经验了，应该会更快地解决你这个问题。"

韩胜洋无奈了，他又觉得自己对电脑一窍不通，于是要求陆侃能陪同他一起去。陆侃懂电脑，也可以顺便学习下维修人员的维修方式，也便欣然接受了这个请求。

学会适当的拒绝，诚恳地说明拒绝的理由，通常情况下都能获得对方的谅解。这不仅是对自己的尊重，也是对对方的负责。

直接拒绝，一劳永逸

·1·

大梅的公司组织去日本旅行，羡煞了我们一众好友，纷纷列出代购清单，让她帮我们带免税店的东西。

临出发的前一晚，许久不联系的同学吴敏敏给大梅发来了一条微信："亲，听说你要去日本，帮我带点东西呗？网上水货太多，我都不敢买呢。"大梅正纠结要不要直接拒绝了吴敏敏的请求，她盘算着自己手里的代购清单很可能会超载。还没等她开口，吴敏敏又发来一个水汪汪的大眼睛表情，说道："可千万别拒绝我呀，我就带一点点儿东西，不会很多的，就是觉得直接国外带回来的会比较靠谱而已。"

既然吴敏敏都这么说了，大梅也不好意思再拒绝了，便接收了她的购物清单。

大梅说，整个旅行过程，她大部分时间都泡在免税店里，对照着一沓购物清单给大伙儿奔走。回来之后，她在朋友圈晒出了满满一地的代购商品，她说看着那条消息被点了无数个赞，特别有成就感。

晒完成就感之后，大梅开始着手把东西分类，计算需要收取的金额。我们千叮万嘱可千万别自己亏钱给我们代购，该怎么算怎么算。她给我们发完账单后，就只等着陆续从支付宝或者微信回笼资金了。

吴敏敏也收到了一份账单，她看完后没多久，便给大梅打来了一个电话，开门见山说道："亲，我看了一下你给我的账单，我感觉这上面写的价格有些不太对啊，怎么比网购还贵呢？"

大梅平时很少网购，也并不清楚网购到底是什么价格。吴敏敏也很细心，在大梅列的商品价格旁边都备注了网购价。大梅对照着清单又仔细核对了一遍自己手中的购物存根，确认自己没有算错，理直气壮地说："我刚又核对了一遍，确认没有算错呢。"说完还把存根上吴敏敏买的商品都标记了出来发送给她核对，"不相信的话，你自己核对一下，按照汇率折算价格就可以了。"

吴敏敏也觉得挺尴尬，立刻解释道："哎呀，同学，我也不是怀疑你啦，就是觉得吧，你这带来的东西，比网购还贵，那我还不如网购来的划算啊，你说对吧？"

大梅没好气地回应："那现在东西也买来了，怎么办呢？"大梅本来脾气就比较暴躁，听吴敏敏这么一说，有点儿气不打一处来，说出来的话也没那么客气，"我也不可能再飞回去给你退货呀？"边说着，心里边后悔，早就知道吴敏敏读书的时候就比较斤斤计较爱占便宜，当初就该直截了当地拒绝她，也省得现在这么闹心。

"那不然这样吧？"吴敏敏给大梅出了一个主意，"这些东西呢，我不要了，你朋友圈晒一下，谁要买的话，你卖给他们不就好了？"

大梅直到现在说起这件事，还有些咬牙切齿：“你们说，你们有看见过这样的人吗？说网购水货多的是你，说网购划算的也是你，连购物发票存根都给你看了，还说不是怀疑？还让我朋友圈转卖？！”

“其实，她的主意也不错啊。”我忍不住取笑大梅，“谁让你当时一个心软就答应了呢？直接说已经超载了，不再加带了，不就一劳永逸了？再说又是万年不联系的同学。”遭到大梅一顿无情的白眼。

“那后来怎么解决的？也没见你朋友圈晒出来卖啊？”另一个朋友问道。

大梅深呼吸一口气。

后来，吴敏敏说如果把那些零头都抹掉的话，她勉为其难收下了吧。大梅也懒得和她再纠缠下去，亏点钱算了，多说不宜，便接受了她的建议，直接问她要了一个地址，帮她把东西都邮寄了过去，之后就再也没联系了。

你不迈出“拒绝”的第一步，就会被对方抢下伤害你的先机。要知道，有时候拒绝别人，并不一定是你不近人情，更多的时候它只是你保护自己的铠甲。

·2·

CC 参加完青年社团组织的联谊会后，回来和我们说她多了几名追求者。本来是想庆祝她终于可以脱单了，但她却说：“哎呀，我一个都没感觉啦。”顺便感慨，“我的漫漫相亲路啊，什么时候是个头？”边说着，手机一边微信连续提示了好几声。

“亲爱的CC姐，感觉这玩意儿最不靠谱了啦，你能找个对你好的就好啦。”我义正词严地对不开窍的CC说教，“过来人的经验告诉你，找个你喜欢的人，还不如找个喜欢你的人呢。”

旁边的静妞听我这么一说，“扑哧”一笑，轻声说道：“你也好意思说别人，你自己不也是感觉至上的崇拜者？”

我瞪了静妞一眼，暗示她赶紧闭嘴，我准备继续给CC“洗脑”。

这时，CC的手机又响了。我们奇怪，CC明明自己也听见了，任凭手机响，她既不去查看信息也不回复。静妞摆摆手说道：“不用看也知道是众多追求者之一喽？也可能是好几个一起发过来的信息。”

“那可不一定，万一是银行信用卡账单短信呢？”我假装反驳静妞。

看我们猜测得正High，CC只得无奈拿起手机一一回复。

静妞平时为人耿直，就是有一张毒舌的嘴。

看着CC边纠结边回复信息，便说道：“既然不喜欢，那你就直接拒绝，一劳永逸，也免得耽误了人家的相亲路。”

静妞的话让CC更纠结了，皱着眉头对我们说：“可是这样不是会伤害到对方吗？好像不太好吧？”

“收起你的心软病，你这样既不表明立场拒绝对方，又拖着人家聊天玩暧昧，才是伤害对方！说不定最后还会落个不好的名声哟。别说我没提醒你。”我用手肘戳戳直言不讳的静妞，CC则是抿着嘴不说话。

CC没有采纳我们的建议，也很享受被追求的过程。在线上微信群里享受着众星捧月，线下和追求者们保持着“朋友关系”，吃饭、聊天、逛街、看电影，生活过得不亦乐乎。

有一天，静妞在办证中心排着队等办事，就听见旁边有两个胸口挂着“青年社”工作牌的人在聊天。原本静妞也没在意对方在聊什么，忽然她听到其中一个人说“他们群里的追月姑娘……”。

这不是 CC 的网名吗？自己还曾经一度嘲笑过 CC 这个又土又俗气的网名。

既然是在说自己的闺密，静妞便“不厚道”地窃听起他们的对话。

“我觉得追月这姑娘一定好不到哪儿去，她肯定是在玩他们。”看着青年 B 赞成地点头，青年 A 得到鼓励般又继续说，“不然你试想一下，他们追她也有一两个月了吧，要拒绝，早就拒绝了。要发展的话，那现在也应该只剩下相对感觉比较好的再发展了。哪可能还是像她这样，今天和这个逛街，明天和那个吃饭的，分明就是‘撒网捞鱼’。”

青年 B 又用力地点点头，接着青年 A 的话茬说：“幸亏我当时放弃得早，不然我也是‘鱼池’里的一员了。”

正巧排队轮到静妞的号码，等她办完事，青年社的两个人已经在隔壁窗口办完事离开了。于是静妞马不停蹄地来找我商量要不要把这件事告诉 CC。

CC 知道后气炸了。第一次有一个男生来约她的时候，她不好意思拒绝，便答应了。于是后来有其他男生来约的时候，她更不好意思拒绝了。没想到自己的心软反而成了别人口中的“撒网女”。

看着 CC 生气，静妞没有再说话。但却私底下给我发了一条消息：“不好意思再打击她了，我怎么说来着？！早就和她说了直接拒绝，她非要这么拖着，这下你看，自作孽了吧？！”我回复了她一个静音的表情。

涉及原则性的问题，不需要考虑，直接拒绝，既是对其他人的尊重，也是对自己的负责。否则，没有人会感激你的心软，他们只会曲解你的善意。

·3·

原本和诺诺一家约好一起去宁波雅戈尔动物园春游，却因为诺诺爸工作的关系，一直都凑不到合适的时间。诺诺妈已经快到了爆发的边缘，一边微信说和我再约，一边吐槽诺诺爸这个“老好人”。不过听得出来，这回明显赞赏比吐槽多了许多。

诺诺爸在一家检测机构工作，办公室的负责人姓沈，他们叫她沈主任。

沈主任平日里在公司的人缘并不好，常常喜欢“奴役”员工帮她做事。诺诺爸的工位由于和她的距离比较近，更是比其他员工容易“落入魔掌”，平时也少不了被她差遣。

诺诺爸怕得罪沈主任，对她的要求几乎是有求必应，但其实同事们都知道，那些原本都应该是沈主任的工作。大到外出采购，小到复印打杂，诺诺爸更像是沈主任的专职秘书。

为此，诺诺妈还生气地吼过他：“做什么老好人啊！你一个实验人员，任务和职责应该是把实验做好，保证数据不出错、实验结果可信！你何必去做办公室那些事，那些又不是你的事！”

诺诺爸则是好脾气地给老婆顺顺气，边说：“算了，人家是领导嘛，领导安排做的事，不好意思拒绝啊。”诺诺妈经常有种恨铁不成钢的感觉。

最近，诺诺爸的公司要扩展实验指标，在做计量认证的考核。原本诺诺爸负责的指标并不多，而且相对实验操作也比较简单，他优哉游哉地做完实验，写完实验数据和报告，就准备给自己一个小长假和我们出去春游了。

实验室有一个张工，平时和诺诺爸关系挺好。有一回诺诺爸实验来不及做的时候，张工还帮诺诺爸打过下手，协助诺诺爸一起加班做实验。

这次计量认证，张工负责的指标里抽到需要考核的（指标）较多，公司的其他实习生没有岗位证书，不能参与实验操作，于是张工便求助于已经在做收尾工作的诺诺爸，诺诺爸想着平时张工也有帮助自己，也欣然同意了。

而这次公司的计量认证，沈主任负责编制和提交申请书，一边还要跟着专家的指导建议修改申请书的内容。但事实上，原本申请书中几百个实验指标的整理，几百乃至上千个数据的校对和几十份实验报告的审核就已经折磨了她好几天，专家却还时不时找出点儿申请书中的错误问题让她反复修改，沈主任的脾气有些绷不住了。

从洗手间回来的沈主任眼尖地看到诺诺爸在协助张工做实验，便叫来诺诺爸让他接手申请书修改的工作。

诺诺爸心里很清楚申请书的重要性，一个数据错误都可能导致整个实验指标被取消，何况张工这边的实验还需要他的帮助。于是诺诺爸第一次鼓起勇气拒绝了沈主任。

沈主任正要发挥自己的职权，老早在一旁看着的王副总走了过来，对沈主任说道："小沈，这原本就是你的工作，怎么叫小乐（诺诺爸姓乐）去做呢……"

看着王副总和沈主任在说话，在一旁的张工和诺诺爸准备偷偷离开继续做实验去，却没想到被王副总叫住了："小乐，总算是看见你能拒绝一回了。平时就看你一直在做'老好人'。其实公司给你们每个人都定了自己的工作和职责范围，你们应该花更多的时间巩固自己的技术，做好自己的本职工作，这样才是正确的工作态度。以后可要注意了。"

诺诺爸连连称"好"，拉着张工便离开，留下沈主任继续和申请书死磕。

任何时候都不要因为怕得罪人而唯唯诺诺，信任的朋友或有恩于你的人，可以给予适当的帮助。不熟或拒绝过你的人，请敢于拒绝。

不懂拒绝的心软，得这样治

如果他的请求会对你自己产生困扰，而你又犹豫着不知道怎么拒绝对方，你不妨试试沉默。沉默是金，知趣的人会懂得你的拒绝。

如果不知趣的他依然向你索取帮助，礼貌地告诉他，对不起，我可能帮不了你。用合理的理由委婉地拒绝他。

如果你已经坚定了想要拒绝他的信念，就别再用“我试试吧”来带给他希望了。你答应了别人，最后却没有顺利地做好，那你不如一开始就委婉地拒绝他。

如果你想一劳永逸地让自己舒坦，让对方也舒坦，不如试试直接拒绝，以免导致模棱两可、进退两难的后果。

说了这么多，你却依然不知道怎么去适时地拒绝他人，那么，我就来具体解释一下，该怎么治疗自己不懂拒绝的心软。

·学会对自己的需求进行审视·

你了解自己内心真实的想法吗？你清楚地知道自己想要什么吗？勉强做自己不喜欢做的事，你开心吗？

如果你对以上的答案是徘徊不定的，想回答“是”又觉得“好像不是”，那我要告诉你，你根本不明白自己的需求。

你勉强地做着自己不喜欢的事情，压抑着自己内心的负面情绪，却依然做不到对所有的事情都欣然接受，那你为什么不拒绝呢？你总觉得碍于面子，碍于自己的心软，对于拒绝别人这件事做起来很困难。

但是，实际上并不存在拒绝困难的人，包括你。

比如草莓姑娘，她很清楚她对我的哥们儿阿超并不感兴趣，她知道自己喜欢什么样的男生，也不想为了拒绝了阿超热情的追求而导致多方面的尴尬。这里的尴尬可能来自相亲介绍人，可能来自自己的父母，也可能来自对于直接拒绝阿超后自己所会面临的内疚。

她不愿意给别人先热望又失望的挫败感，宁愿从一开始就不给予任何希望。

草莓姑娘害怕因为自己的心软而将自己推到那些尴尬的境地，于是选择沉默不回答，等着对方打退堂鼓自动放弃。

·学会对“拒绝”的正确认识·

你对“拒绝”有正确的心理认知吗？拒绝别人一定是说明自己没有能力吗？拒绝别人一定是为人冷漠、不近人情的表现吗？

如果你对以上的答案是犹豫不决的，不知道该回答“是”还是“否”，那我只想告诉你，你对“拒绝”是有误解的。

对于那些难以完成的请求，你坦诚告诉了对方“我没有能力做这件事”，这其实反而是对彼此负责任的态度，你不会浪费对方的期望，也不会耽误事情的进度，更不会浪费彼此的时间，自己也不会陷在两难的境地里。

比如诺诺爸，如果他不是在张工和沈主任的工作对比下看清自己的工作态度，如果他没有拒绝沈主任的要求，而是像平时一样同意帮助沈主任修改申请书，很可能导致的结果是张工的实验来不及做、沈主任的申请书修改不完善，王副总更不会站出来替他理清他的工作职责。并不是诺诺爸没有能力去帮沈主任，而是这本身就不是他的工作范畴，也不会使最坏的结果有产生的可能。在认清自己该“拒绝”的时候，敢于拒绝反而是对自己的负责，是对工作的负责。

·学会掌握委婉拒绝的技巧·

你是不是觉得直接拒绝对方的请求太不近人情了？你是不是害怕你的拒绝会得罪对方或者使对方不高兴？你是不是担心你的拒绝会导致以后的相处会尴尬？

如果你对以上的答案是毫无疑义的，你会发现，这种直白的生硬的表达的确会有碍于情义的维系，那你需要修炼的技能就应该是用最温和的表达方式去学会拒绝。

于是你发现了另一个问题，我找不到合适的理由拒绝，怎么办？

很多时候，你不懂得拒绝，其实是因为你艰难地搜索了大脑一遍又一遍，却找不到也编造不出一个合适的理由。这时你觉得，没有合适的理由，你会理亏而又心虚，于是你就不知道该怎么拒绝，那就接受了吧。

这时候，你不妨尝试一下转嫁法。

转嫁法的核心就是，你委婉地拒绝了对方，并给对方提了一个其他的解决方案。

你委婉地表示“我很忙，我做不来”，其实聪明人都能听出这些借口的弦外之音，只是他们也想装傻充愣。于是你进一步地给对方指一条明路，给出一个你认为可行的解决方案，比如让对方去找另外一个比你强大的人来帮助他，这个人比你更合适帮对方的这个忙。也许对方还会感激你的建议。

比如小花和王玲，小花很清楚自己是一个 Photoshop 的新手，即使有王玲的远程指导，也未必能处理到让客户满意的地步。那么，其实在王玲提出让小花帮忙修图时，小花就应该委婉地拒绝王玲的要求，而不是心软地应承下来，最后还导致两人的尴尬关系。但是作为朋友和同事，小花完全有理由建议王玲找美工组的其他同事帮忙，因为对于修图，美工组的同事明显比小花会更专业。这既能解决王玲的燃眉之急，也能平安化解这个事件的危机，甚至可能会达到比预期的效果更好的客户反馈。

·学会识别值得交往的朋友·

你会因为拒绝了朋友的请求而被疏远吗？你的朋友会要求你必须帮助他吗？你会害怕因为拒绝而伤害了你们之前的友谊吗？

如果你对以上的答案是瞻前顾后地在思考，想回答“不是”却没有十足的底气，那你可能得好好审视一下那些你所谓的“朋友”了。

经常让你帮忙的人不全是值得交往的朋友，有些可能只是想利用你泛滥的好心和心软来帮他做事，你得不到他们真正的尊重。你要知道，会为难你的朋友，他们本质上也不是真的在乎和你的这段友谊。

比如李雅和周庭，本身李雅的生活就不宽裕，两人又是以年为单位来计算联系频率的普通朋友关系，而且2年前就已经有过前车之鉴，那么在再次遭遇同样性质的事件时，就应该果断地拒绝，因为此时他们两人关系并不会因为李雅的应允而拉近，也不会因为李雅的拒绝而更疏远。李雅因为心软而不拒绝周庭出的难题，那么最后就会因为自己的心软而给自己找难题。

·学会迈出“拒绝”的第一步·

你听过很多的大道理，却不敢迈出跨越的第一步，你的心软告诉你，拒绝会伤害别人，而你并不想给任何人带去伤害。所以你会觉得，他向我提出请求，是对我的一种信任，我不能辜负这种信任，我要对这份信任负责任。

事实上，你更应该考量的是，你有没有能力帮助他很好地完成这件事？这对你会不会造成影响？你帮助他的时候可能需要付出什么成本？如果你拒绝了他的请求，会不会对你自己产生影响？你对这几个问题有了答案之后，发现你依然不知道该不该接受，那就选择拒绝吧。这应该是在你权衡取舍后对你最有利的结果了。

此外，我还想提醒你的是，触犯原则的请求，请直接拒绝，并不需要犹豫。

比如大梅，明知道吴敏敏在读书时候就是一个斤斤计较、爱占便宜的人，两人又多年不曾联系，在代购这类涉及金钱、利益的问题上，就该明确地拒绝她的请求。很可能在吴敏敏提出需要大梅帮她代购的时候，就已经有了“抹掉零头”的打算。纵观网购价格，本身就是参差不齐的，问题并不在于代购价的高低上，很可能她本身就想要利用大梅的心软和信任。

·学会灵活变通的技巧·

在现实中，往往存在几种方式并存的情况。

有些情况下，就是不适合拒绝的，你除了委屈自己，别无他法；有些情况下，你可以直接诚恳地表达你的困难之处，以获得对方的谅解；有些情况下，你需要找借口委婉地拒绝对方，以维持彼此的情义，不至于尴尬地老死不相往来；有些情况下，你可以任性地说“我不愿意”，除非你已经做好了结束这段关系的准备……

对于不同的人，对待不同的事，拒绝的方式是会随之发生变化的。而你需要学习的，就是能灵活地使用这些技巧来使自己得到解脱和释放。

拒绝是一门艺术，同样很讲究技巧。但说到底，随着情商的提高和心智的增长，对于拒绝方式的灵活度掌握也会更趋于成熟。

没有人会一直为难你，你也不要因为不懂得拒绝而为难了自己。

第二章

适度取舍，别让生活负重前行

事实上，懂得取舍的人才能真正地勇往直前，人生总会有很多的选择，你不可能全部都拥有，也不会都失去，踌躇不前才是你一事无成的原因所在。

要知道，不懂取舍的心软是病，得治。

取舍是怎么回事

陶立夏在《练习一个人》里说，确实没有人随心所欲地活着，生命即是束缚。但我们却可以经由努力与取舍，让生活尽可能接近你想象中的模样。

不论是生活还是工作中，你总会遇到艰难的抉择，你无法真正处理好这个问题，你的“选择困难症”会发作，你的“犹豫不决病”也会发作。

很多时候，造成失败的最主要的原因，都是在取舍之间陷入了纠结，似乎都想要，似乎都舍不得放下，但你最终发现，你又似乎什么都没有得到，你成了两手空空的失败者。此时你大概会后悔，我当时怎么没有权衡利弊而取舍有度呢？

其实，你不用着急，大部分人都跟你一样非常抗拒这样的处境，甚至没有勇气面对它。

如果不懂更好地取舍，你就会陷入模棱两可的纠结中，使自己手足无措。但其实那些不得不取舍的事再简单不过了，而因此迷失人生目标的则并不多。反而是那些有较多选择的事，更容易走进纠结的误区，甚至导致自己人生的失败。

如果舍弃了鱼会使你觉得索然无味，但得到了熊掌又会让你对自己信心百倍，甚至更胜一筹，你会在意已经丢弃的鱼，还是满心欢喜地揣着熊掌呢？你深知鱼与熊掌不可兼得，但你真的理解这个理论的深意吗？

山下英子提出“断舍离”的生活理念，其实正是帮助你在“自己和物品”之间做出抉择的好办法。它的终极要义就是要彻底以自己为主体，过去、未来都不重要，拥有的即是今天和现在。

事实上，这正是在“断舍离”的过程中，锻炼我们取舍的选择能力。而在丢掉了执着之后，那些原本重要的却不明显的人事物就会清晰地浮现出来，那便是你所取得的、要珍惜的和拥有的东西。

为什么你明明已经背负得很辛苦，也明确地警告自己要适度取舍，却在即将舍弃的那一瞬间，还是选择了留下呢？

即使明知道不能贪心地一味地索取，只能选择一部分，你却还是希望能全部都归属于你。即使不舍得也要放在某个角落，哪怕再也用不上。

你以为那只是你的雄心壮志、你的恋旧和节俭的美德，殊不知那对你没有丝毫帮助。毕竟你总是在暗示自己，如果连自己曾经喜爱的东西都得不到或可以随手丢掉，好像会显得自己多么狼狈和不近人情似的。

但事实上，能懂得取舍的人才能真正地勇往直前，因为人生总会有很多选择，你不可能全部都拥有，也不会都失去。

要知道，你的拖泥带水很可能就是被你的心软惯的。

·完美主义的强迫心理·

韩梅梅在《写给亲爱的妹妹》里曾告诫过，你必须抛弃完美主义，这不是追求完美，这是强迫症。

完美主义会被大众普遍诟病，而不是极力推崇，其中一个原因就在于它放大了心中对美好的追求，控制不住的追求膨胀成了贪念，而使人忘记了并非所有美好的东西都可以兼得。

比如，你从小就想学艺术，比如钢琴，比如画画。可在当时的经济条件下，父母并没有多余的资金来培养你，这可能是你一直以来的遗憾。

等到你终于长大，有了自己的经济实力，可以给自己陶冶情操，熏陶艺术细胞，你决定完成自己小时候的梦想。你报了钢琴，报了画画，甚至还另外报了一门摄影，你说这些都是你对美好和优雅的追求。

渐渐地，你发现，你所有的时间几乎都被艺术占满，你把自己活在了艺术里，可你白天的工作日依然需要为了工作忙碌，为了生计奔波。

时间久了，你忽然觉得这样的生活很累。可你又不愿意也不舍得放弃这其中的任何一门课程，因为这些都是你在未来的很长一段时间里想要学习和精进的技能。

你强迫自己接受别人对你“完美”的评价，你享受别人仰望式的赞美，而把自己陷入疲惫的忙碌中，却又纠结着不愿意放下其中的任何一样来放松自己。

你看，你一味地只想着完善自己的不完美，弥补自己的遗憾，尽快取得自己的满足感，反而给自己增加了许多的负担和压力，却不懂得，暂时放下其实是为了更好的开始。

其实，你只要循序渐进，待到一项技能巩固后再学习新技能，这样稳健地学习和发展，既不会使你在梦想和现实中手忙脚乱，又能扎实地打好每一步基础，岂不是会使完美主义发挥得更淋漓尽致呢？

事实上，取舍得当，并不会妨碍你朝着完美人生昂首阔步，反而可能成为一件有力的推进器，成就你的完美。

·自主薄弱，依赖感强烈·

《你要活得像自己》里说，人生的痛苦，源于活得太清楚。眼是审美的，结果纠缠在丑中，最后都审了丑；心是收藏快乐的，结果困于计较中，最后都盛了痛。不是生活有多少，自己就要清楚多少。幸福的能力，其实就是取舍的能力和过滤的能力。

当你清楚地认识到什么才是需要握在手里的、不能轻言放弃的那个方向盘，而不是依赖于其他人对你人生的掌控，你才可能真正明白，其实路一直都在自己脚下，没有人会一直帮你做每一次的取舍和抉择。

比如，我们都有过这样的经历，当你需要为自己的未来选一个专业去深入学习，作为你将来的谋生技能，父母乃至亲戚们都会以过来人的眼光给你指导，他们说，这是为你好。

你仔细想想，也没错，父母怎么会害你呢，你过得越好，他们总是会越开心的。反正你从小都是由着父母安排你的生活和学习的，你的依赖感频频控制你的抉择。

其实你一直对计算机很感兴趣，你挺想学编程，但父母说不好，编程太苦，你看看那些“程序猿”，你放弃了。

你又觉得设计也不错，想象自己笔下的图成了真实的存在，兴许还能因为自己独特的审美眼光，跻身世界名设计师行列。你还在美滋滋地畅想未来，亲戚又说不好，学设计什么时候能熬到名设计师完全未知，他们建议你脚踏实地。父母对于亲戚的建议深表赞同。你又放弃了。

听老一辈说，有一门手艺能走遍天下。最后你选择了一门父母和亲戚都满意的手艺活儿。

你看，你满足了他们所有人的希望，却独独舍弃了自己的梦想。但当你需要长时间去做一件自己都不感兴趣的事，你真的觉得快乐吗？

其实，你为什么不在当时和他们沟通呢？告诉他们你的喜好和梦想。在这样的取舍间，真的不存在你们能达成的共识吗？我觉得也未必吧。

·野心太大，眼高手低·

在卢思浩的作品《愿有人陪你颠沛流离》看过这样一句话，定位太高而又努力不够，当你的才华还配不上你的野心，就静下来努力，就好好想想你到底花了多少精力在你想做的那件事上。

人生固然需要用野心来撑开自己的一片天，但过于庞大的雄心壮志配上不充足的能力，你就要学会舍弃不必要的细枝末节，只朝着梦想的方向去努力。

比如，你身边的朋友做了一个自媒体，经过几个月的努力，把平台经营得有声有色。粉丝赞赏、广告宣传收入比你的工资还高出好几倍。

你忽然觉得自由职业真好，于是一咬牙一狠心，决定辞职，好好经营一个属于自己的平台。

你幻想着能拥有粉丝千万的自媒体，拥有你的专属铁粉圈，你甚至觉得自媒体结集成书出版的也大有人在，这些都是你给自己的规划。

为了少走弯路，你还花了重金参加自媒体培训班，学习那些所谓的经营套路。你申请了自媒体，开始坚持日更。

经营了几个月，你发现你的收入还在个位数徘徊，你忽然迷茫自己的选择，也不清楚症结在哪儿。

事实上，即便是自媒体，也讲究内容为王。你急功近利地想要在短期内有突破，一味地采取已经成熟的模式、套用别人的模板，却忘了要舍弃这其中对你无益的方式，成就自己的平台。

你看，你的野心蒙蔽了清明的心，一股脑儿将所有的知识都揽入麾下，你忘了“取其精华，去其糟粕”的训诫，从而使自己走了更多的弯路。

其实，如果不是急于求成，你一定能在梦想和现实的取舍间，知道正确的选择。

·索取和舍弃，极端的取舍·

当代著名作家周国平先生在他的《人生不较劲》里写道，照看好生命和灵魂，让它们有一个好的状态，是你的基本责任。对于外部世界的一切，包括做事和交友，你都要依据是助益还是损害来判断其价值，从而决定取舍。

极端的索取，极端的舍弃，最后很可能只是一无所获，甚至吃了闷亏也无处诉说。

比如，经常看到身边的夫妻朋友对孩子的教育问题产生分歧，通常来说，母亲像虎妈，不希望自己的孩子输在起跑线上，会更紧张于对孩子的管教；而父亲则充当猫爸，带着孩子玩游戏。

虎妈觉得猫爸松散的管教方式对孩子无益，很可能会害了孩子的将来；猫爸觉得虎妈严苛的要求对孩子的心智发展不好，还可能使孩子厌恶学习。夫妻俩总会因此而闹得不愉快。

这样的发展无疑对家庭的和谐存在冲击。通常在此时，猫爸们会选择放手躲避起来，背负着懒散的名，坦然而无奈地将孩子的教育问题全权交由虎妈负责。而虎妈们接过了猫爸甩过来的“锅”更是怒火中烧，继而将所有的希望都重重地压在孩子的身上。

虎妈们急切而紧张地重压索取，猫爸们无奈又安逸地全权放下。这像是个恶性循环，殊不知其实最受伤的是他们最爱的孩子。

你看，过度的索取，不仅破坏感情，更是成为沉重的枷锁，使生活负重前行。不觉得累吗?

其实，由于个性存在差异，看待事物的角度也会产生差距，接受这种差距带来的改变，取舍有度，自然退一步海阔天空。

大冰在《阿弥陀佛么么哒》里说，你喜欢什么不重要，重要的是，你是否有能力去喜欢，是否尽力去触碰，是否有定力去坚守，是否有魄力去取舍，是否有权利去选择。

取舍是一种精神食粮，取是领悟，舍是智慧，懂得适度取舍，才是为人处世的至高境界。

只拿自己那一份

·1·

每年年末，一众好友都会相约聚餐。原本都习惯了 AA 制，去年特例是李乾请客。至今我们都还记得当时李乾那一脸得意的表情。

小宇当时还调侃李乾："乾哥，你这也太夸张了，你看这一桌菜，感觉吃着都对不住你那辛苦拿来的年终奖啊。"

李乾无所谓地摆摆手，心情甚好，顺势说起了这笔丰厚的年终奖的由来，他自己也感叹道，原本只是一场意外，没承想给他带来了意外的收获。

李乾在一家医疗器材公司负责后勤行政工作，他一直都为此自卑。他说："你说我一个大男人，老蹲在行政部门，又熬不到行政主管，这日子可怎么过呀！"

但李乾并不是没有头脑的人，相反他借着自己广泛的爱好而学了很多他所谓的"旁门左道"的技能，他经常调侃自己"什么都懂，什么都不精"。

其实，他只是因为自己学历的敲门砖不够厚，而一直得不到一个好的机遇。

李乾的机遇，还是因为一次和销售部的新同事小陈一起去上海出差，才得到的。

李乾洽谈完下一季的会展事务后，正好赶上小陈和客户约定时间，于是，他缠着小陈带他一起去见识下销售部是怎么接洽客户的。

客户看完产品介绍后，从性能指标到生产状况，乃至业内口碑都想做系统的了解。

客户是个老手，小陈却是个新人。小陈刚跳槽来到公司不久，他对产品的状况也还处于模糊的状态。要不是销售部李主管让小陈放宽心地来接洽，说这是老客户，不会为难之类，他起初还真有些怯懦。

看着客户咄咄逼人地质疑他们的专业性，小陈招架得有些吃力，这让一旁的李乾有些看不下去了。他纠结了很久，到底要不要帮助小陈。

李乾接洽会展，对产品资料多少也有些了解，加上平时耳濡目染，虽说只在行政部，但想着能谈下这单生意，总是有益无害的。

在李乾的仗义出手下，客户的态度也缓和了很多，玩笑着说：“已经是老合作客户了，细节的问题后续再讨论吧。”

刚回到公司，李乾便得知小陈这次洽谈的客户，是客户单位新上任的主管，是让李主管都比较头疼的一号人物，李主管也想不到对方公司这次居然是他来接洽的。李主管不断地夸赞小陈“新人出马居然还能搞定这么难缠的客户，有前途”。

而李乾则是默默地回到自己的办公室，向自己主管汇报。

没过几天，李主管敲响了李乾的办公室大门，抱怨着说：“哎哟，小李，上次小陈那件事怎么也没听你说起原来是你给谈成的。要不是客户指明下次要你去接洽，我还不知道这事呢。”

“我也就是帮个顺手的忙，不敢居功。”这反倒让李乾有些不好意思。

“说哪儿的话，没想到你还是个这么谦虚的小伙子啊，回头我得跟你们主管说一下，把你调我们销售部来。这么个人才，哪能埋没在行政部啊……”说着就和李乾规划起了销售部的事。

没多久，李乾便调去了销售部，那笔年终奖就是他进销售部三个月所得到的奖金。

不邀功抢功，不贪图利益，只拿属于自己的成绩，你的谦逊自有慧眼赏识。

·2·

自从工作以后，就很少和以前的一些朋友联系。难得刷朋友圈的时候看到陈诚在朋友圈里发了一条状态：“不适合的圈子，就不要硬挤了，为难了别人，尴尬了自己，何必。”我忍不住习惯性地点了一个赞。

没多久，就见到他在状态下面回复了一条“点赞的那个，你出来聊聊”。

还没等我打开私信对话框，他的信息就已经奔了过来。连寒暄都省了，插话的机会也不给我，噼里啪啦地就说起了他最近的遭遇。

高中时候，陈诚是个不爱学习的人，跟着几个“好哥们儿”一起逃课，或是在球场打球，或是躲在天台睡觉。但高三的时候，也不知道是怎么回事，他转了性子，忽然就开始认真学习。虽然没能考上好一点儿的本科院校，也至少算是踏进了大学的门。

因为去了外地读书，他和之前那帮好哥们儿也便渐渐淡了联系。

毕业后，他进了我们当地一家明星企业，一个专科生，好不容易混到了现在的副主管位置，这几年他也算是混得挺辛苦的。他说：“正是因为吃了学历低的苦，所以现在不得不更加努力，不然随时都可能会被新来的小年轻落下。”

前阵子吃夜宵的时候，陈诚在百乐门的门口又遇到了他们。没想到他们一见到他，还跟高中时一样，对他热络得很。看着他们一个个手臂上的刺青，油晃晃的脑门，这让陈诚有些无所适从，腹诽着：“都什么年代了，还觉得这样很厉害吗？”

“那你别理就好啦，无非也就是遇到了打个招呼嘛。这种圈子应该已经不适合你了。”听到这里，我忍不住打断他，“这还不好解决吗？自动忽略不计呀！”

“对啊，可是他们不这么想啊，最近经常轮流打电话叫我出去玩。”他立刻就回复了我。

这样的“夺命追魂 Call”让陈诚非常头疼，他自觉已经过了玩乐的年纪了，现在只想在事业上能闯出一番天地来，在他看来，这帮人对他来说，就像是无效社交里的典型人群。

“我已经不是高中时候那个愣头小子了，什么朋友都结交，什么场合都玩得开。我现在只想维系适合我的那一份友情。”顺手又发了一个无奈的表情，“虽然数量上确实少了很多，但质量上来说，那绝对是飞跃啊！”

说着严肃的事，我却被他这番话逗乐了，难以想象这是从陈诚的嘴里说出来的话，那个印象中喊着“为兄弟两肋插刀，为老婆插兄弟两刀”的人已经渐行渐远。

我发给了他一个捂嘴偷笑的表情，不知道该怎么回复。现在的他已经成熟了很多，至少清楚自己要什么。

“哎呀，你别笑，兄弟说的话是糙了点，但是有句话不是说‘话糙理不糙’吗？你说对吧？”陈诚大概是被我偷笑的表情刺激到了，赶忙解释，“我就是不想再继续以前的那种生活了，就因为以前爱玩，才没能考上好点的大学呢。”

从朋友的角度，我无比赞同他的这个决定。

选择适合自己的，才是最重要的，舍弃无效社交，只保留值得珍惜的那一份。友情是，爱情亦是。

·3·

打开手机，小婧发来消息：“我晚上又要去相亲了，记得等我口令‘救驾’啊。”

这已经不知道是第几回了，似乎已经形成了默契：小婧每回相亲，遇到不顺眼不顺心的对象，就会偷偷给我们发一条信息，然后我们其中一个就打电话给她，她随便找个借口便开溜了。我们说好轮流打电话，这次刚好轮到我。

但是等了一晚上也没等来小婧的“紧急呼救”。在我们的“严刑逼供”下，小婧说对这次相亲的对象感觉还不错。我们猜测，这回她或许要尘埃落定了吧。

可过了没多久，又收到小婧的消息，说是又要相亲去了。我们都表示很迷茫，这上次的对象就算是被 out 了？小婧对此表示一脸的无所谓，说：“没有确定关系啊，万一不成呢？”我们竟然无力反驳。那晚我们依然没有等来小婧的“呼叫护驾”。

意外的是，自从那两次相亲之后的很长一段时间，都没有再收到小婧要去相亲的消息，但小婧也同样迟迟没有传出已经脱单的消息，这让我们都有些焦虑。

好不容易等到小婧生日，小雨点立刻借着这个生日 Party 的名头，把我们都聚集在了一起。但作为当晚的女主角，小婧却依旧是以单身狗的模式出席的。

“小婧，你男朋友呢？”小雨点好奇了。

这也正是大家的疑惑，这么久没有去相亲，上次相亲也没有预警的救援电话，那想必是已经名花有主喽？

“你说的是哪个男朋友啊？”小婧尴尬地微微一笑。

“你不按套路出牌啊，什么叫哪个男朋友啊？”小雨点有些纳闷了，“你上次那相亲对象呢？没聊出点儿火花来？”

“噢，他们啊，两个都挺好的，一个幽默风趣，一个温柔浪漫。”小婧难得显出一副少女的羞涩，“我都不知道该怎么取舍了。”

“小婧，可不能做渣女呢。”我调侃她。

小婧更尴尬了，说道：“没有啦，两个都不联系了，两个都对我很好，但是我一直没做出决定，然后可能人家觉得拖着也不是办法，就没再和我联系了。”

这可出乎了我们的意料。

正说着，小雨点拿来两块蛋糕。一块带着巧克力，但是夹心似乎略少了点；另一块水果夹心特别多，没有巧克力。

小雨点把蛋糕推到小婧面前，说："寿星，先选一块吧，这可是两块最好的呢。"

小婧左右为难，看看巧克力，又看看水果夹心，然后可怜兮兮地看看小雨点，满眼都写着"我都想要行不行"。

却见小雨点摇摇头说："No，No，蛋糕本来就小啦，一共就切了这么几块，每人一块算好了的，你只能拿自己那一份。"小婧是寿星，我们都以为小雨点会同意都给她。小雨点又接着说："小婧，是好朋友才说你一句，爱人也是一样，只能爱自己那一个，可不能贪心哟。"

小婧若有所思地点点头。

我恍然，原来小雨点是故意的，抬头就见小雨点得意地朝我挑了挑眉。

感情中更应该懂得取舍，迟疑不下，难以抉择，不只会给人留下不好的印象，甚至会耽误感情的发展，等到想选择的时候，恐怕也只有两手空空了。

吃亏多了不是福

·1·

在网上认识一个姑娘楠楠，一直聊得不咸不淡的。

某天，楠楠忽然给我发了一条语音，听得出来她的情绪有些沮丧，她说："小姐姐，你说人是不是不能太心软啊？我以前一直不太懂什么叫人心不古，现在总算有些了解了。"

原本只想开导她，她也便说起了她的故事。

楠楠的家境一般，为了供养弟弟读书，自己没读完高中就辍学了，开始了她的打工生涯。她高中时成绩其实还不错，一直也有自己的抱负。所以即使辍学，她也利用空闲时间自我充电，学习广告设计。

这么几年下来，虽说没有经过科班的学习，靠着自己那股子劲头，在他们当地的广告业里，也混出了不错的口碑，收入也挺可观，甚至成立了自己的工作室，接一些业务。

楠楠家的条件随着她收入的提高，有了质的飞越。

这时候，她的堂嫂带着侄子来她家拜访，堂嫂寒暄后也没多废话，直接切入正题表示希望楠楠能帮忙照顾侄子一阵子，他们夫妻要去外地工作一段时间。

楠楠很想开口拒绝堂嫂的请求，但思来想去，觉得磨不开面子，便应承了下来。堂嫂也一再说明，只是一阵子而已，等他们回来还会好好感谢她。

可眼看着侄子新学期的学费都要交了，堂哥堂嫂也没有要回来的迹象，楠楠有些急上火，不是说只是一阵子吗？这一阵子也忒长了吧？

等来了堂嫂的电话，她却在电话里说："楠楠，我们这边工期还没结束，暂时还不回来。你现在条件也还不错，帮忙缴一下学费。"

楠楠有些纳闷，这几个月侄子吃住都在她家，偶尔和弟弟一起带侄子出去玩，还要负责给侄子买玩具，这一下子又要帮忙缴学费，自己一个月也就赚这么多，似乎有些艰难。

这下堂嫂可不乐意了，在电话那头就噼里啪啦说了楠楠一通，最让楠楠气愤又委屈的是，堂嫂居然还说她"这么不实诚，不就照顾一阵子嘛，亲戚间互相照顾本来就是应该的"。

虽然气愤，楠楠也没有当场发作，碍于亲戚的面子，她安慰自己，吃亏是福，算了，也不算什么大事。

我听着也有些郁闷，这明明是好心帮助他们，怎么就还摊上了不实诚的锅呢。

楠楠说："姐，这还不算什么呢，更奇葩的还有呢。"

好不容易等到堂哥堂嫂回来了，来接侄子的时候，眼看着自己儿子瘦了一圈，心疼不已，立刻就不分青红皂白地责怪楠楠没有照顾好侄子。尽管楠楠解释是侄子长个头的关系，也于事无补，似乎"没有尽心照顾"这个误会算是坐实了。

虽然吃了个闷亏，楠楠却反而松了口气，其实很早就想舍弃那些亲戚关系了，这么多年还不知道吃了他们多少亏了，除了会欺负他们家心软，就没为他们家做过什么好事，一直都只会搞得自己狼狈不堪。借着这个事情，以后也能顺理成章推掉一些不合理的要求了。

她开玩笑地说：“你说我这算不算是因祸得福啊？”

值得用心经营的关系，从来都不是用吃亏积累起来的，吃亏多了未必是福。

·2·

你有没有因为公司给出的不平等待遇而辞职的体验？辞职的时候会不会特别纠结？

我的一个朋友李苗苗就对此深有体会，她愤愤不平地说道：“何止纠结！简直是特别纠结！”

苗苗的公司有一项让我们特别羡慕的制度，他们公司规定，每年都会给员工一次非升职类的加薪机会。

但是鉴于员工人数太多，这样的制度执行起来也是一笔不小的开支，于是经过管理协商和调整后，形成了一种不成文的默契：部门中轮流加薪，争取人人有份。

苗苗从进入公司开始，就期盼着能轮到自己享受这个员工福利。而且因为她所在的部门人员不多，所以按照苗苗的打算，乐观一点儿规划，可能是每两年会轮到一次加薪，再不济也不会超过四年。

可是她盼了一年又一年，始终也没轮到她。她问我们：“你们说我要不要去问问主管这是怎么回事？怎么就还没轮到我呢？我们部门可差不多都快加了一圈了，第二圈都快开始了。”

我们都觉得，或许可以再等等，虽说部门里的人差不多都加过了，但也没有说全部都已经加过一轮了，兴许今年就轮到她了呢。

为了这份盼望，特别是临近年末的时候，苗苗的工作更卖力了，她心心念念今年会轮到自己，心想着，自己平时也没有少干活，同事之间相处也挺和睦友好的，总该轮到了。

过年的时候，我们都准备狠狠地敲她一笔了，小童在微信群说：“苗苗，什么时候请客呀，我可都已经饿了好几天了，就等你那餐加薪奖了呢。”

却没想到，苗苗发了一个“生无可恋”的表情，吐出两个字“没加”，就销声匿迹了，不管我们怎么喊她问她，她就是不出现了。

我打电话给她，直到第二遍，她才接，沮丧着说：“我要不要辞职换一家公司呢？”

事关她的前途，我也不敢妄加决断，考虑着该怎么安慰她。

为了争取今年能轮到自己加薪，她下半年的那几个月过得既卖力又艰辛。不只是他们部门的一些同事会莫名给她加任务，其他部门的同事也会偶尔差遣她做点儿力所能及的事。

原本她只要做好自己职责范围内的事就好了，但想着同事们的意见也是一项重要的参考指标，她安慰自己，一切都为了加薪！

“哎，我说你这什么思想觉悟啊？”以我的性格，我有些听不下去，“你就为了那所谓的‘参考指标’，那你怎么不连整个公司的事都做了呀？就你能！”

“这有句俗话说，吃亏是福，吃点儿亏也没什么……”

“吃点儿亏是没什么，可问题是，你这福呢？”没等她说完，我就激动地打断了她。

苗苗沉默，没有回答我。

年假结束没多久，就听说她辞职了，换了一家公司。

她说：“虽然这家公司起步薪资也不高，但至少按劳分配的制度在业内还是有口皆碑的，也许这会是一个能施展的平台。”

付出劳动得不到相应的回报，不如舍弃这样的不平等待遇，去往真正赏识你的平台。吃亏多了不是福，很可能是你晋升的绊脚石。

·3·

微商刚兴起的时候，海外代购也是其中一项热门兼职，朋友圈到处充斥着“代购正品”，即使如此，还是有很多人怀疑代购的可靠性。

但这些都丝毫不影响阿沐的“生意”，谁让她是个导游呢，走的还是日本、韩国那些护肤化妆品的热销地。我跟她就是在一次去韩国旅行时认识的。

不得不说，阿沐是个称职的代购，在乐天和新罗免税店，我是亲眼见证过她惊人的购买力的。明明在门口已经聚集了一大堆各色各样的护肤品，她匆匆和我们说一句“麻烦帮我照看一下”，立刻就消失在人群中。

要知道，不仅专柜要排队抢货，就连收银台也同样有漫长的队伍在等待着。

在同样的时间里，她的购买力几乎是我们整个团队的总和了。

我曾经也想过做这样的“人肉代购”，于是在车上闲聊的时候，我向她打探“商机”。她摇摇头，跟我说：“我要是不做导游，我就不做代购了。”我正惊讶，她叹口气，打破了我的谜团，“别的不说，光我那些朋友要带的东西呀，就够我亏好多了，我这种人呀，不适合做代购。”

每次她要飞之前，总会有朋友发给她一堆购货清单。对朋友来说，只要把清单发送完毕就等着阿沐回国收货了。可对阿沐来说，工程量就浩大了。

除了阿沐自己做代购的购买清单，她还得把朋友给她的所有清单汇总，总结出需要购买的每样物品的数量。有重复的物品，但发自不同的朋友，她还要统计分类。等到全部购买完毕回国后，还需要把物品按照清单重新分类，给不同的朋友装袋。然后计算要向他们收取的费用。

这些本身就是非常烦琐的工作，但最让阿沐头疼的是，所有的资金几乎都是她垫付的，从来没有朋友提出来预付给她一部分订金，阿沐自我调侃：“我觉得他们可能以为我都是白拿的，等他们付给我了，我再付给商场。”

“那也还是有利润的吧？”我对代购这行还是挺心存希望的，还指着用这条路开拓一下我的副业呢。

“别人我就不清楚了，我的利润……”阿沐苦笑，“我那些朋友啊，可坑了，我按照原价算给他们，真的一分都不赚他们的，朋友嘛，我觉得赚他们的不太好意思，可他们却都还要我把零头抹掉呢！”

“啊？那你不是亏大了啊？”哪有这么傻气的朋友啊，请给我来一打。

阿沐耸耸肩，无奈地说道：“没办法呀，但是我有时候也会反省自己，这样的友情是不是真的难以割舍呢？”

我猜她可能也是个心软的姑娘，即使心里其实早已有了答案，也始终在逃避着不肯面对这样的抉择。

结束那次旅行的时候，她跟我互加了微信，她说：“你要是以后有想带的东西，可以和我说。”

我说：“好的。”但是，我至今都没有去麻烦她。

你想要珍惜的友情，也许正是被利用的筹码，你的心软会成为别人的理所当然。

熊掌和鱼不可兼得

·1·

简妍放下手中的摩卡，愤愤地说：“哎，你们说，这世界上怎么会有这么没脸没皮的人，当初是他自己放手的，现在又恬不知耻地联系我说要和我做朋友，他怎么想的？！”

不用问也知道，简妍说的是她那个背叛了她的前任男友狗熊。他本名叫辉雄，以前我们总是亲切地叫他“熊熊”，自从背叛简妍后，一跃成了“狗熊”。

我们一直都等着喝他俩的喜酒，结果他俩却猝不及防地分了手。

简妍为此难过了很久，我们都见证了她是如何走出失恋的阴霾振作起来的。也难怪她现在会气愤不已。

正说着，简妍的短信又响了，就见到她皱了皱眉头，叹了口气：“真是阴魂不散。”

糖糖摇头晃脑地取笑道：“人家古人云，‘鱼和熊掌不可兼得’。我们的狗熊同志倒是实诚，想来个享齐人之福，现任和前任通杀啊。”

简妍翻了个白眼，没好气地说：“我可不想当鱼！”

“那你是想当熊掌喽？”我也“不道德”地加入了调侃简妍的行列，糖糖捂着嘴在旁边偷笑。

“感情哪有鱼和熊掌兼得的道理？何况他是劈腿的，还想跟我做朋友，门儿都没有！”说这话的时候，简妍一脸严肃。

“连窗户缝儿都不给！”糖糖应和，转而又问她，“妍妍，说实话，你不会舍不得吧？毕竟也算是相爱过。”

“刚分手的时候，确实有过不舍得的情绪，可是想想又能怎么样呢？凡事都有取舍，他都舍得放下我们的感情，我再舍不得，岂不是有些作践自己了？”简妍迟疑了一下，继而又说道，“但是他又回头来找我的时候，在我心里，就连那仅剩的舍不得也没有了，鱼和熊掌不可兼得，这个道理三岁小孩都懂，他居然还装得自己像个大情圣一样，我是该高兴还是该难过呢？”

我想起，前两天半夜，在简妍的朋友圈里，看到她发了一句鸡汤。她说，分手后，不能当朋友，因为彼此伤害过；不能当敌人，因为彼此相爱过。

当时我还很庆幸，也许她是真的想明白，放下了。没想到狗熊居然还来纠缠。

所谓冤家路窄，狗熊带着现任女友也出现在星巴克，他一眼就看到了坐在角落的我们，一脸谄媚地笑着走向我们。

没等简妍开口，糖糖这火暴脾气就先上来了。朝着狗熊就是一通吼：“我说狗熊同志，你还要不要脸了，分手就是分手了，你还想又能吃熊掌又能养鱼哪？这世上有没有这么好的事啊？”

狗熊被吼得有些蒙圈，没想到曾经差点儿和他称兄道弟的糖糖先拿他开涮。这时，狗熊的现任女友拿着咖啡也走了过来，狗熊顿时有些心虚了，想拉着女友离开。糖糖可不依着他，好闺密被劈腿的恶气还没出呢，他今天算是撞到枪口上了。

“喂，这位女朋友，请你管好你的男朋友，不要让他再来纠缠我们家妍妍了。分手了还想要妍妍跟他做朋友，安的什么心哪？”糖糖不客气地跟现女友“沟通”。

我们都估计，这个现女友也是个火暴脾气，要不是她是狗熊的现女友、妍妍的情敌，或许还能和我们成朋友呢。因为……

这时候，就见现女友把手里端着的咖啡往狗熊脸上泼，边说着：“想当大情圣啊？做梦吧你。”说完便转身离开了，留下一脸狼狈的狗熊，和看热闹的吃瓜群众。

懂得取舍，自然会知道，多余的关系只会消磨不必要的感情，成为情感包袱。已经残缺或逝去的感情，更应该果断舍弃。

·2·

刚毕业那时候，我和阿兰雄心壮志地想要在事业上有一番作为，她说：“我俩都不是甘于平凡和寂寞的人。”后来，我留在了杭州，她回了老家。

她说，即使回到老家那种小镇，也阻挡不了她的事业心。她说：“你等着，我一定会来杭州找你的。”

当我还在四处相亲的时候，她已经结婚了，然后有了自己的宝宝。宝宝还在肚子里的时候，她就给宝宝取了名字，叫布丁。

可是，她的孕期生活似乎并没有电视剧里那样幸福和轻松。

我们都是工科生，她的工作并不像我那样大部分时间都在办公室里。相反，大多数的时间，她都要去各个企业奔波采样，采样回来还要化验。她的老板并没有因为她是孕妇而特别照顾。

布丁又特别不安生。

十六周做唐筛（唐氏综合征产前筛选检查的简称）的时候，阿兰被定义为高危人群，吓得阿兰一拿到报告，就害怕地给我打电话："怎么办，1/178，医生让我做羊水穿刺，我好怕……"话没说完，就先哭开了。她老公不同意做羊水穿刺，后来选择了相对比较安全的无创 DNA 重新检查了一遍。

三十周的时候，布丁又被检查出脐带绕颈两圈，害得阿兰好几个晚上没有好好入睡，胡思乱想着没事就数胎动听胎心，生怕一个不小心就失去布丁。

好不容易熬到了布丁出生，喂奶又成了问题。

阿兰的家距离公司有一段距离，她每天坐公交车上班就要一个多小时。阿兰计算了一下，就算能提前半小时下班，也来不及给布丁喂奶。

背奶妈妈很辛苦，阿兰深有体会。于是，她便心想着请一阵子假，等布丁断奶了再去上班。可平时好说话的老板却不同意批她的请假条。

无奈之下，阿兰决定辞职，原本打算半年的母乳喂养，也顺势延长了。阿兰说："既然都已经决定辞职了，那就索性让布丁吃满一周岁吧，一周岁之后再说。"

自从阿兰成了全职妈妈，她的世界里好像就只剩下布丁了。

我问阿兰："你忘了我们当初的雄心壮志了吗？"

"我没忘，但是，鱼和熊掌不可兼得，现在布丁还小，我想多留点儿时间陪他。"阿兰回复我，"我以后会努力给他最好的生活，但现在，对他来说，最好的生活就是陪伴。”

“那你不打算再奋斗了吗？”我又问道。

阿兰说：“奋斗，以后多的是时间，可布丁的童年却是一去不复返的。”

看着阿兰的回复，我竟然无力反驳。我明白，阿兰说的话也不是没有道理。

对阿兰来说，她的世界可以有很多东西，比如事业，比如朋友，比如她的老公……可对布丁来说，他只有阿兰一个妈妈，还有什么比妈妈全身心的陪伴更好的成长环境呢？

我虽然认同阿兰的观点，但却不支持，为了陪伴而放弃已经打拼了很久的事业，这似乎需要不小的勇气。

直到我自己有了宸宝宝之后，我才开始真正体会阿兰那段话的深意。

懂得选择，懂得放弃，本身就是人生的一个大智慧。当你面对必须取舍时，问问自己的内心最想要什么。仔细思考过，你会发现，这道单选题其实也没那么难。

·3·

筱晖的专业强项是英语，初中时她的英语就好我一大截，这也一直是我非常羡慕她的原因之一。

大学的时候，我还在为了考英语四级而日夜做着练习题，她却轻轻松松地就通过了。我说：“你怎么这么厉害？”

“别扯了，你是工科生，我是英语专业，能一样吗？我要是不通过四级才比较神奇好不好！”末了还不忘鄙视地瞥瞥我。

快毕业的时候，她忽然大老远跑来下沙找我。

“哎，你说我是去外企呢，还是留校当老师呢？”眼看着她吃了一口草莓圣代，那紧拧的眉头也没有舒展开去，“好纠结。”

“那你自己怎么想的呢？”我问她。

“哎呀，你知道的，我一向是选择困难症啊！”她重重地吸了一口可乐，沉默了。

筱晖从小就是个选择困难症患者。

中考结束的时候，她纠结到底是升普高呢，还是直接选 3+2 学一门技术，后来看着我们都选了普高，她也就随了大流；高二文理分班的时候，她又纠结是选她擅长的文科呢，还是跟我们一起学理科，后来听说理科能填报的高考志愿比文科多，而且还不用背历史、地理那些枯燥的知识，于是选了理科；高考填志愿的时候，她又纠结到底是填她喜欢的外语专业呢，还是填父母希望她读的工商管理，后来总算是遂了自己的意愿，选了外语系。

所以，这次我也和高考填志愿的时候那样，试探着让她说出自己内心真实的想法，可她总是无法直面自己的心声。

事关前途，不比玩骰子，玩过这一把，输了再来。

“筱晖，你要知道，自古就有鱼和熊掌不可兼得的典故，就像你现在一样，你只能选择一样，不可能两样都收进自己的口袋，你得懂得取舍。”

她若有所思地点点头，但内心依然纠结。她说：“就像当初文科是我的左手，理科是我的右手，选哪样，我都觉得会弄疼我自己。”

我听她这么一说，一口可乐差点儿“噗”了她一脸：“你当你是郭敬明啊，还左手为文，右手为理呢？”我嘲笑她，“你要不要花个一天时间给你的左手默哀一遍？”

“你不懂！”筱晖对着我，翻了个大白眼。

毕业答辩的时候，筱晖给我发了个消息。她说：“如果你想同时坐在两把椅子上，你可能会从两把椅子中间掉下去。生活要求你只能选择一把椅子坐上去。”

“谁对你说的这么高深的话？我要去膜拜他。”我又皮了一下。

“别闹！严肃点儿。”她给我发了一个拍巴掌的表情，“这是帕瓦罗蒂的爹说的。”

“所以……”我追问。

过了许久，她回复我：“所以，我决定听从我导师的建议，当好一名祖国的园丁，为祖国母亲输送更多的人才。”

虽然是一排短信的文字，但我能想象她在给我发送这条信息时，是多么义正词严的表情。

懂得选择，自然就知道了该如何取舍。认真踏实地做好自己选择的事，比纠结事情该怎么选择更容易。鱼和熊掌到底选哪个，要看你最爱吃什么。

适度取舍，别让生活负重前行

·1·

奥黛是我大学时认识的朋友，她读管理系，宿舍在我们楼下。即便不在一个寝室，但毕竟在同一幢楼里，总能不经意间遇到她那几个老吐槽她洁癖的室友。

洁癖一直是一个比较有争议的话题，但对奥黛来说，她引以为荣，她觉得这是她留下的习惯里，为数不多的好习惯之一。可她的同事兼室友小雪却频频挑战她好习惯的底线。

刚开始住一起的时候，小雪经常用奥黛的纸巾、洗手液等日用品，洗澡的时候也会顺手用她的沐浴露、洗发水。小雪说："阿黛你的东西都是进口的，真好用。"

奥黛忍了，想想都是同事，又住在一个屋檐下，关系僵了似乎不太好。

可最近小雪迷恋上了彩妆，抖音化妆教程里种草的化妆品，她每样都想来一套。但小雪是行政岗位，不比其他岗位的收入，两厢取舍下，还是决定不委屈钱包了。

尽管小雪很清楚奥黛的洁癖习惯，但又受不住奥黛一桌美妆的诱惑，而且奥黛的化妆品大部分都是网红款，用奥黛的话说"不知道买什么的时候就去网上拔草”，于是小雪就偷偷地用起了奥黛的化妆品。

“马大哈小姐”小雪美美地出门上班去了，却忘了把弄乱的化妆品收拾整齐。而对于奥黛这种洁癖深度患者，自己放的东西都是有规律的。等到奥黛下班回到宿舍，一桌子乱七八糟的化妆品，瞬间点爆了奥黛的脾气。

“好好脾气姑娘”奥黛异常气愤，忍不住找我出来吐槽：“唉，要不是公司的宿舍月租便宜，又离公司近，我真的想搬出来算了！”

抱怨归抱怨，奥黛自己也知道，舍弃公司的宿舍，不只对于上班会有一定的阻碍，最主要的是房价，这是一大难题。

奥黛为此苦恼了很久，不知该如何取舍才是最好的方式。

没过多久，奥黛让我帮她看看城西的房子有没有稍微便宜点儿的，离她的公司不要太远就行，她要搬家了。

奥黛搬家的那天，我们在西城广场庆祝她乔迁之喜。

奥黛美滋滋地说：“这下舒坦了，虽然宿舍小了点儿，简陋了点儿，但好歹是属于自己的小天地了。”

“可是你的生活压力变大了呀？”我理解她的心情轻松了，但毕竟生活压力是实打实的存在。

“不会啊。”奥黛一脸轻松地说，“我反而没有之前负重前行的感觉了，你知道吗，倒是有种能肆意妄为的自由感，这种感觉真舒服。”说完，她伸了一个大懒腰。

从她的表情，我丝毫看不出她的生活会因为搬家而产生巨大的压力。

临走的时候，奥黛说："人嘛，总要有取舍的，哪能事事如意呢，对吧，有舍才有得嘛。"

为了过上自己想要的生活，就得懂得适度取舍，舍弃让你超负荷运作的地方，不论身体，还是心灵。

·2·

菀儿在群里给我们发了一张任命文件的截图，红头文件上赫然写着菀儿被提名为设计三组的组长，正想着怎么让她这只"铁公鸡"请撮一顿美食庆祝升职，就见她发了一个沮丧的表情。

我们都有些疑惑，明明是值得高兴的事，怎么会是难过的表情呢？瞿文肉麻兮兮地问道："小菀菀，怎么啦？升职还不高兴啊？"

像是等着这条提问似的，两三秒钟的工夫，立刻就收到菀儿的回复："你们说是不是真有冤家路窄这回事呢？你们看看副组长的名字。"

一看，副组长提名是菀儿的同事小昭。

小昭这个名字我们曾多次听菀儿提起过，起初是以朋友的名义，后来是以劲敌的名义，再后来就直接晋升为"仇家"了。之后，菀儿每次说起小昭，都是一副"她是白眼狼"的语调。我们是菀儿的朋友，并不是小昭的朋友，也就由菀儿愤慨了。

我有次去菀儿办公室的时候，见过小昭一次，小姑娘还挺热情的，又是让位给我坐，又是给我倒温水，给我的印象还不错。

却不知在后来，听菀儿说，小昭剽窃了她的一个设计，凭借那个设计稿，还抢了她好几个设计业务。

菀儿和小昭的友情也就随着剽窃事件而彻底决裂了。

菀儿为此低迷了好一阵子，甚至想着跳槽换一个工作环境，我们劝了好久，让她再考虑一下。

她从毕业开始就一直在这家广告公司，那时候这家公司的规模还很小，算是家新起步的公司，老板一直说菀儿也是这个公司的创业元老。所以真让她辞职，她还真有些舍不得，可小昭的事又让菀儿觉得异常憋屈。

瞿文那时候劝她："既然舍不得，就别辞了。你还不如奋发图强呢，争取压她一头，不是更好。"

为了瞿文这句"压她一头"，菀儿连周末的休息时间都用上了，就为了精进自己的技能，更为了赌这一口气。

好不容易拿到了设计三组组长的位置，却没想到让命运开了个玩笑，居然要和小昭合作管理三组，这让菀儿几乎气结，她愤愤地说："这让我怎么工作啊？"

"这有什么好纠结的呢？之前人家小昭不都跟你解释过了嘛，是主管终审的时候出错，把你和她的'主要负责人'和'助理'名字顺序混淆了，不是剽窃了你的设计，是你自己听不进她的话啊，非说她和你对着干，她不还因此申请换了部门吗？你又说是不好意思面对你……"关键时刻，还是瞿文这个同样是做主管的人思路清晰。

这时候，大梅也开口了："是呢，既然是误会，你就应该捐弃前嫌，脱了这个大包袱，轻松点儿，不是会合作更愉快吗？老背着你累不累啊？"

等了很久，菀儿都没有再说话。

菀儿后来通知我们去她家聚餐，说她去北京出差的时候带了只全聚德烤鸭，等我们到的时候，就看到小昭在厨房给她打下手，正热火朝天地给我们准备晚餐。

菀儿说："这次是为了庆祝她和小昭合作的一个设计项目得了设计大赛的银奖，也为了谢谢我们劝醒了她，让她能及时悬崖勒马。"

一旁的小昭笑靥如花。

为了实现共同的梦想和目标，捐弃前嫌携手合作，轻松驾驭工作，才是取得双赢的最好选择。

·3·

为了让白夜脱单，也着实愁白了我们不少头发，可白夜就是无动于衷，还大言不惭地表示自己是注定孤身的人，不用我们操心了。

既然要给白夜拉红线，自然要确定精准目标，这便首先需要了解白夜的择偶标准到底是怎样的。

于是，在白夜全然没有防备的时候，我们都希望和白夜最亲近的橙子能透露一些信息给我们。可橙子却对此一脸茫然，并宣称会帮忙去打探消息。

橙子还为此偷偷背着白夜，和我们几个建了一个微信群，群名就叫"白夜脱单计划"。我提醒橙子："你可千万别忘了这茬啊，事关你家白夜终身大事呢！"

橙子信誓旦旦地说："忘不了，放心吧，保证完成任务！"末了，还发送一个敬礼的表情以表决心。

过了没多久，橙子就兴奋地来复命了：“姐妹们，我对照了一下咱家白夜的择偶标准，你们呀，就按照我男朋友那种样式找相亲对象就行了。”看得出来，橙子非常高兴自己的闺密居然连眼光都和自己一样，“不愧是我家亲爱的，连喜欢的款都和我一样。”

不怕死的筱晖冷不丁来一句：“她要是喜欢你男朋友，那你出让不？”

筱晖的话忽然使群里陷入了莫名的尴尬，我立刻私聊筱晖：“你脑子进水啦？这么问！”

筱晖悄悄回复了我一句“第六感作祟”，但她大概也意识到自己说的话有些不合适，立刻去群里打了圆场：“开玩笑的，开玩笑的，别介意哈。我们继续正题，刚才是广告时间。”

而橙子竟然回答了她：“她要是真的喜欢，那我会退出的。谁让她是我家亲爱的呢。”我们取笑橙子真是大度，却也知道这只是个玩笑。

经过层层筛选，我们终于拟订了几个相亲对象，便马不停蹄地通知白夜安排行程。白夜没有反驳，一一应允了下来，却都只是走走过场。

最后一个相亲对象是我同学的哥们儿，对白夜印象不错，眼看着见面已经过去了一个多星期，白夜却没有反馈，那哥们儿也有些着急，便托我去问问情况，这也正好给了我一个合理的理由。

周末，我借口找白夜吃早餐，拐着弯地问白夜：“这都看了几个了，没一个有感觉？”

“橙子让你们给我介绍的？”我没及时掩饰住惊讶的表情，

一眼就被白夜看穿，“之前她问过我喜欢什么样的男生。”

“那你……”我本来想把筱晖的“第六感”告诉她，转念一想又闭了嘴，这话适合烂在肚子里。

可白夜却像是陷进了回忆里似的，自顾自说了下去：“我总算知道，为什么人家说抛硬币总是能奏效了，因为硬币抛出去的时候，你就会忽然知道你希望它掉下来的时候翻到哪一面。”她似乎意识到了自己的失言，立刻恢复了一本正经，“我更珍惜友情。”

虽然白夜跟我玩了一场文字的游戏，但我理解她的意思，也知道这话也只适合烂在肚子里。

这世上原本就少有两全的事，取舍的度全由自己把握，但很多时候，友情比爱情更真实，选择哪一个，要看你更珍惜哪一个。

不懂取舍的心软，得这样治

你总是纠结着不想舍弃任何事物，但又必须要有所取舍，不如衡量下哪一份对眼下的你是受益最大的，取自己所需的那一份。

你总是为了更珍惜一些情义，心软而频频吃亏，你安慰自己吃亏是福，那我想告诉你，吃亏多了不是福，值得被用心经营的关系，从来不是靠吃亏换来的。既然不值得，就应该果断舍弃。

你总是纠结于先要得到鱼还是先留下熊掌，当取舍成为一道难解的题，你最该先纠结的是，有没有看清自己的内心，最想要的需求是什么。

你总是希望所有的事情都能完满，但你要知道，“世间安得双全法，不负如来不负卿”。适度舍弃让你负重的包袱，才能昂首阔步地向着美满前进。

说了这么多，你却还是不知道怎么去适度地取舍，那么，我就来具体解释一下，该怎么治疗自己不懂取舍的心软。

·权衡利弊，丈量价值·

你会准确地权衡一件事的利与弊吗？你能精准地丈量出一件事物的价值吗？你会不会有贪婪地都想得到的时候？

其实任何东西都会有它的两面性，很多时候你会以为握在手里的才是最好的，其实不见得你舍弃的或是得不到的东西就一定不好，但你要知道，这件东西对你来说，会有什么价值。

比如李乾，他如果只是在一旁静观其变，摆出一副事不关己的神态，其实也没有人会特别去苛责他，毕竟这不是他分内的工作。又或者他在帮助小陈之后，赶着去向公司领导邀一份功，作为差点儿让项目黄掉了的小陈，他即便是心里会有些许不舒服，也大概只能敢怒不敢言了，而公司领导也不会因为李乾帮助了小陈一个项目，而特地去调换李乾的岗位。但李乾却恰恰没有为了这一时的得到而去邀功领赏。

在李乾心里，他只是做了自己该做的事；而在小陈看来，他因为没有被抢功，反而会对李乾增加一份感激的心；但在领导的眼里，看到更多的则是李乾的这份谦逊的品质。

你看，你以为李乾只拿了属于他自己的那一份成绩，但在钩心斗角的职场中，其他人看到的更多的则是李乾那种难能可贵的精神，从而使他得到了意外的赏识和机遇。

·遭遇负能量，果断舍弃·

你会不会意外地成了别人的“垃圾桶”？你有没有遇到过明明知道自己吃亏，却还安慰自己吃亏是福的人？你为此气结不已，恨铁不成钢，他却只是想找你吐槽而已。

你要知道，多余的东西和人际关系中的一些多余的人，从本质上讲，是一样的。他们都是你得到了却不实用的一种存在，而他们释放的负能量，则可能会影响你很久。

遇到这种情况，不要犹豫，果断舍弃。

比如李苗苗，她也许只要静静地等待着加薪的机会，早晚也会轮到她。但部门中人人都能轮得到的机会，却迟迟不落在自己的头上，这种看似平等，实则并不平等的工作环境，和波涛暗涌的同事关系，会让李苗苗失望从而滋生想辞职的念头，是无可厚非的。

李苗苗很清楚，长期处于压抑的负能量环境中，不仅仅会影响她的心情，更是会打击到她对工作的积极性，恶性循环下，对她造成的不利影响，远胜于薪资和前程的回报。

如果眼前的局面得不到改善，对于李苗苗来说，大概最好的选择就是舍弃现在的公司，去寻找真正适合自己的平台，给自己的能力更大的施展空间。

·把握当下，知足常乐·

在你的生命里，有没有那种很想完成却中途放弃、无力把握的遗憾？或者，你有没有遇到过这样的情况，你不满足于现状，却又不知道该如何把握努力的方向？

事实上，只要你真心付出过努力，哪怕最后没有成功，这也不能称之为遗憾。把远眺的目光适时地收回眼前，你会发现，你能把握的当下，正是你未来的基石。

保有知足常乐的心态，你所放下的希望，终将会以另一种形式归来。你需要做的，就是沉下心来做好当下的事。

比如阿兰，是曾经有着雄心壮志的女子，但有了布丁之后，她将自己的重心都交给了布丁。雄心壮志可以用未来很长时间的奋斗去实现，但布丁最需要妈妈陪伴的童年，则只有这短短的几年。阿兰选择了把握当下的幸福用来陪伴布丁，她的内心是欢喜的，并不会因为不能争取事业而难过。

只要阿兰的雄心壮志不灭，待到她有朝一日事业有成，她收获的可能不仅仅是功成名就，还有在长时间的陪伴下，布丁和她深厚的感情。

·坚持我的，坚持我所向往的·

在坚持梦想的这条路上，你是不是一个举棋不定的人？你有没有因为不知道该如何取舍而最终导致了一无所获呢?

你总觉得自己有太多的事情想做，太多的事情要做，却忽视了最重要的信仰，于是你这也想要，那也想揽入怀，最后只能两手空空。而这恰恰就是在取舍之间最应该避免的事。

取舍很难，能坚持更弥足珍贵，“坚持我的”，不仅仅只是一句广告语，它更是告诉我们要坚定自己的选择，才是最正确的选择。你想要的未来完全可以通过努力来获得，坚信只要努力就会有收获。

不怕迟到，就怕你迟迟不到。

比如我了解的筱晖，从来就是一个选择困难症患者，从中考到文理分班到高考，一直到现在要面对就业，她都是一如既往地纠结。

如果说普高是鱼，3+2 是熊掌，她都想去；如果说文科是鱼，理科是熊掌，她都想要；如果说工商管理是鱼，外语是熊掌，她又不知道该拿让父母高兴的鱼，还是让自己舒坦的熊掌；如果说去外企是鱼，留校是熊掌，她大概想揣着鱼去拿熊掌……

当筱晖终于懂得了取舍，也终于明白了认真踏实做好自己选择的事，远比如何选择取舍重要，她的眼前便豁然开朗了。

·端正价值观，明白取舍的真谛·

你会不会习惯性地用大众的标准来看待一件事物？你会不会因为拿不起又放不下而犹豫不决？你是不是真的明白取舍对自己的价值和意义呢？

艰难的取舍向来是大部分人都不愿意遇到的境况，但偏偏生活中处处都需要面对取舍的难题，如果你的价值观不明确，又没有勇气面对取舍，那往往就会在这难以抉择下的取舍之间陷入纠结。

其实，取舍并没有一个标准答案，该取什么，舍什么，都与你的角色定位、社会地位等有不可分割的联系，你的定位决定了你要如何面对取舍。但你一定要知道适度取舍的必要性。

珍惜取得，放下舍得，才不会让你的生活负重前行。

比如，《适度取舍，别让生活负重前行》里的菀儿，她如果选择抱着心中对同事小昭的成见，不肯捐弃前嫌地放下。在任命文件后，势必需要面对和“讨厌的人”共事，换作是你，你能心平气和地继续开展工作，实现有效合作吗？答案一定是否定的。

但菀儿在听从了瞿文和大梅的劝解后，能勇敢地放下“前嫌”的大包袱，不仅能轻松驾驭工作，携手合作，还能实现共同的目标，成功取得设计大赛的奖项，实现了双赢。

菀儿的适度取舍，不仅没有给生活增加压力，使生活负重前行，还成就了自己。

人生总会有很多的选择，犹豫不决是成功的大忌，不懂取舍更是阻碍你勇往直前的绊脚石。要知道，取舍不只是行为上的细节，还需要从内心选择放下，才能轻松前进，满载而归。

取舍是一种智慧，同样很讲究精力。但说到底，随着目标的清晰和信念的坚定，对于取舍的抉择也会更趋于纯熟。

第三章

有限大度，才是最有情的善良

大度这回事，不仅分人、分事、分场合，更重要的是需要把握一个尺度。任何事都会有自己的尺度，不可逾矩。

要知道，不懂大度的心软是病，得治。

大度是怎么回事

《叔本华人生哲学》里说到，一个人在其人生旅途中随时准备做并且也能够做到以下两件事：防患于未然与豁达大度。前者使他避免损失和伤害，后者使他避开冲突和争吵。

人生中，你总能遇到或大度或精于计算的人，你猜不透一个人的气量到底能容得下多大的事，你也看不破一个人的格局到底有多大，心软的你，不想斤斤计较，你只能忍让，或远离。

很多时候，面对这些人，你想要避重就轻，所以你宁愿吃点儿亏息事宁人，甚至默默选择离开，但事实上，你的忍让没有改变任何人的看法，他们依旧冷酷、吝啬。此时你大概会疑惑，我当时选择大度地委屈自己是否是正确的选择?

其实你不需要总是委屈自己来成全别人，你也不需要总是做所谓的好人，大度地去体谅任何人，毕竟，恰当的大度，才是最有情的善良。

如果不懂得把握大度的尺度，你就会陷入委曲求全的挣扎中，使自己逆来顺受。但其实那些不得不大度的事情并没有多么了不起，而因此能博到“大度”眼球的却并不多。反而是那些劝你不要斤斤计较、要豁达待人的人，则可能占尽了你的便宜，让你痛失自己的利益，还享受着你给的安逸。

如果总是付出会让你心理失衡，但计较又会使你感到束缚不自在，甚至觉察到憋屈、勉强，你会心软地考虑继续大度付出，还是适可而止？

在高谈阔论人生格局时，胸怀度量一定是检验格局的标准。俗话说，宰相肚里能撑船，大肚能容天下难容之事。它其实阐明一个很简单的道理，胸怀大度的人，遇事不会锱铢必较，能够大度地对待伤害过自己的人，这就是成就一个人格局的气度。

事实上，他们只是对事有担当，行事够洒脱，遇到事情的时候能做好真正地看淡、看开，及时化解纠结的事情，使自己不深陷，这样的人才是有大智慧的人。

为什么你明明自己就能拿捏得当大度和小气的边界，也能守好自己的底线，甚至有自己的行事准则，却还是非要听别人讲，在意别人的看法呢？

大多数大度的心理，都是输给了心软。

明知道你的委屈，还叫你别斤斤计较；不懂你的苦，还劝你大度；不关心你，却要求你必须关心他；自己对事物计较，却要求你大方待人……你若是遇到这样的情况，那我真的要劝你，大度点儿，放下吧，让那些人际关系见鬼去吧。

你以为那样会彰显你的气度，提升你的格局，把你的人生抬高到另一个境界。

但事实上，你的“好心”只会纵容他们的得寸进尺，而且他们随时就会给你发一张“好人卡”，顺便给你贴上一个“傻”的标签。

要知道，只有能恰当把握大度的尺度的人，才是能容事处事之人，才能在锻炼和挫折中，培养出自己宽厚的人生格局。你的“好心过度泛滥后遗症”很可能就是被你的心软惯的。

·欲壑难填，人性难改·

张小娴的《露水红颜》里说，有钱不是罪过，贪婪才是。

总会有人永远不知足，只知道贪婪地索取别人对他的好，自己却从来不懂得付出，大度的人对他再好，他也只会觉得是理所当然，时间久了，再大度的人也只能走到友尽的份了。

比如，你朋友的工作面临马上汇报的状态，而他却连基本资料都没有找齐，正好你有时间，朋友说：“你帮我找找吧。”这是他第一次请求你帮忙，你欣然同意。

毕竟在你看来只是举手之劳，而朋友正好也表现出需要你，你不需要他记你的人情，你只是觉得，他需要你。

没过多久，该朋友又因为工作的事找你帮忙，你说：“我和你专业不一样，恐怕有些力不从心。”朋友表示，这次和专业的关系也不大，一些常规的信息，比较杂乱，希望你有时间能帮他一起整理一下。

你无奈接收了信息文档，打开一看，密密麻麻的满屏都是信息，你的“尴尬症”犯了，你的“密集恐惧症”也跟着并发了。朋友说按照他的格式整理即可。

你头痛欲裂，却又碍于已经答应了的事，反悔会引起朋友的不舒服。于是你又利用好几个自己的业余时间，帮朋友整理文件。

大概是习惯了你的帮助，该朋友又来找你，但这次，他还没开口说是什么事，你便先找了理由拒绝了他。

你盘点了你对朋友的帮助，这已经是第三次了。何况这也不是你的工作，是他的本职工作，所以你觉得此时自己的拒绝是正确的选择。

但事实上，该朋友的反应却反而出乎了你的意料。他异常生气，觉得你明明有时间、有能力却眼看着他受困，不伸出援手，甚至扬言要和你绝交。

你看，你的大度没有把握住度，不分条件便一而再，再而三地伸出援手，导致了他的认知错误，你的善心泛滥成了灾难，反而使你失去了一个朋友。

假如你一开始就拒绝他的请求，并明确告诉他，这是他的本职工作，他应该自己去做好。甚至你可以引导他，为什么会出现在即将汇报的时候依然面临工作没有到位的情况。

授人以鱼不如授人以渔。

你帮助他找到自己的原因和不足，让他正视自己的问题，如果他不能理解你，埋怨你能帮忙而不帮，你就该了解，即使你这次帮了他，他还是不明白自己的问题所在，是真的能力不足，还是态度不端正？那面对这样的朋友，你到底能帮得了他几次？

·道不同不相为谋·

亦舒的《此一时彼一时也》里说，何必勉强与道不同者做朋友，阳关道、独木桥，陌路相逢，客客气气已经足够。

所谓道不同不相为谋，志不同不相为友。燕雀安知鸿鹄之志呢？结交良友，三观同频是关键点，他不理解你的大度，你觉得他斤斤计较，这样的友谊能走多久，可想而知。

比如，你和朋友开车出门，路过马路的时候，转弯冲出一辆骑得飞快的电瓶车，电瓶车应声倒地，你抬头一看，是电瓶车闯了红灯。

这时，你身边的朋友下车一看，车子划了一道小痕，不算太深，于是她去找电瓶车主理论。电瓶车主自身也已经被电瓶车压着受了点儿伤，但车主表示是自己的不对，不需要你们赔偿。

而此时你朋友却不依不饶地要求电瓶车主赔偿车子划痕的损失，你觉得划痕很小，便想着算了，人家电瓶车主都没要赔偿了，自己不也是受了点儿小伤嘛，你想着别人也不是故意的，大度地不想计较也没必要计较，得饶人处且饶人吧。

回到车上，你朋友却不乐意了，她强调自己是在帮你，你却当着外人的面装起好人，问题上升成了她觉得你们俩的价值观都不一样，很难做朋友。

你看，你本想着多一事不如少一事，大度地不想多计较，却因此而得不到朋友的谅解，不是同频的人不懂你的大度。

其实大度也要分场合、分人、分事，对于不应该大度的人，你可以不予理会；对于不能大度的事，你也一定要计较到底。同样的，对于能大度的事，得不到理解，你也可以疏远这个人。

毕竟，道不同不相为谋，他连简单合理的大度都做不到与你同频，你能指着他与你同甘苦共患难吗？

·大度有底线，善良有上限·

鹿漫川的《你好像一点也不想我》里说，无底线的宽容就是放纵，没原则的善良就是愚蠢。

所以，别傻了，任何的大度都是有底线的，你的善良也应该有一个上限，而不是无限忍让和原谅。

比如，你找到了真爱，于是出于与闺密分享喜悦，你带着心爱的男友去见闺密，希望得到闺密的祝福。

一来二去，闺密和男友也熟络了起来，你不承想，你最爱的男人和你最爱的女人背着你成了情人，这对你来说无疑是沉重的打击。

你断了闺密的联系，也和男友分了手，你想通了感情和友情，不是你的留不住，是你的也抢不走。但如果只是这样结束，大度的你大概也不会如此气愤。

闺密不仅抢了你男友，就连你身边原本几个要好的朋友也开始疏离你。你多方打听才知道闺密在其他朋友那里把你的很多丑事都抖搂出去，而且还添油加醋地描绘出了一个“十恶不赦”的你。

你发现，你的世界忽然只剩下你一个人了。你消沉，低迷，好不容易才熬过最黑暗的一段时间。你又重新振作。

此时，闺密和前男友忽然分别回头来找你忏悔。男友和她分了手，众人也知道了她的丑陋，他们渴望你的原谅，朋友也劝你放下，毕竟是曾经的好闺密。大有一种你不原谅就是你不对的架势。

你看，你有没有一种被道德绑架了的感觉，似乎你不原谅是你的小气不大度，你要做一个不得不大度的人吗？

在我看来，不是所有事情都值得被原谅，你不需要把自己当成圣贤，委屈自己去接纳那些伤害你的事。

有句话说，不轻易原谅一个人，不轻易释怀一件事，也是对自己的一种警醒，一种保护。

杨绛先生在《走到人生边上》这样描述：在这物欲横流的人世间，人生一世实在是够苦的。你存心做一个与世无争的老实人吧，人家就利用你、欺侮你；你稍有才德品貌，人家就嫉妒你、排挤你；你大度退让，人家就侵犯你、损害你；你要不与人争，就得与世无求，同时还要维持实力准备斗争；你要和别人和平共处，就先得和他们周旋，还得准备随时吃亏。

我觉得，大度这回事，不仅分人、分事、分场合，更重要的是需要把握一个尺度。任何事都会有自己的尺度，不可逾矩。

希望能给你指引方向，让你的底线不再被随意践踏。

要知道，不懂大度的心软是病，得治。

你这是假装好人

·1·

吴悦每次见面都忍不住要吐槽公司的同事维娜姐，用吴悦的话说：“就没见过这么喜欢装好人的人。”

吴悦是出了名的不爱吃干菜，避之如蛇蝎。

端午节的时候，他们公司照例准备给每个员工发一箱粽子，偏巧吴悦拿的那一箱粽子里，也不知道是不是卖家配错了货，把里面的蛋黄肉粽也装成了干菜肉粽。吴悦拎着4个干菜肉粽欲哭无泪。

同事们都开玩笑似的说吴悦这回中奖了，晚上赶紧去买张彩票。只有维娜姐看着吴悦一脸沮丧的表情，没有说话。

等到吴悦拎着粽子回到自己工位上，发现维娜姐的QQ头像在电脑桌面右下角跳动。吴悦打开一看，不禁在心里感叹，还是维娜姐大度啊！哪像他们，尽知道取笑她。

维娜姐的QQ留言里写着：“小吴，正好我挺喜欢吃干菜的，蛋黄多吃了容易噎着，我和你换吧。”

于是下班时，吴悦打完了卡便等着维娜姐跟她换粽子了，一边心里默默呐喊着：“亲爱的蛋黄肉粽，晚餐朕要好好宠幸你们。”

一见维娜姐离开工位去打卡，嘴馋了已经很久的吴悦立刻掏出了自己那4个干菜肉粽，恨不得立刻脱手。

看着吴悦拎了4个粽子，起初维娜姐也是愣了一下，然后在自己的粽子礼盒了翻捣了很久，也拿出了4个粽子，直接放进了吴悦的礼盒包里。

吴悦跟我说："你知道不，我当时还特地瞥了一眼塞进去的4个粽子，扎的绳子是两种颜色的，也就没特别在意了。"

我心想着，这不挺好的嘛，多大度的小姐姐，还会照顾同事的。但我不敢说，吴悦阴沉着脸正吐槽吐得起劲，我这不是给她添堵嘛。大概要是真的很好，吴悦也不会吐槽她了。

吴悦像是看穿了我的心思，语重心长地拍拍我的肩膀说："小朋友，你是图样图森破（too young，too simple，太年轻、太天真）啊，这个世界上有一种东西，叫套路！"

原来，等到吴悦满心欢喜地回到家，开了锅准备"宠幸"粽子的时候，发现维娜姐换给她的4个粽子是白粽和甜粽各2个，连红枣或豆沙的馅儿都没有的粽子。

吴悦当时就气结了，说好的蛋黄肉粽呢？！

第二天遇到维娜姐，吴悦玩笑似的问维娜姐是不是拿错了，却见维娜姐露出十分纠结的表情，一脸坦然地说："没错啊，那两种粽子我也不爱吃，就跟你换喽。"

你不爱吃，我就爱吃啊？亏我当时还感动着遇到好人了呢！原来都是套路！

吴悦气呼呼地在过道里深呼吸，却有同事又过来嘲笑她，同事说："只有维娜姐还会大度地把你不喜欢吃的换走啦。你看要是不换，你不是连白粽和甜粽也吃不上了，白白少吃了好几个呢。”

吴悦分分钟想手撕了这个幸灾乐祸的同事，嘟囔着说：“要她装什么好人，还来劝我呢，这是一波什么操作。”

我忍不住无耻地笑了，我说：“你赶紧，把她给你的聊天记录给我看看？”

吴悦翻出手机开始查找，指着一个界面把手机递给了我，边说道：“喏，你自己看。”

见我还在笑，吴悦有些恼火：“哎哟，云之，你别笑了。有什么好笑的！”

我指着手机跟她说：“你看，维娜姐哪有说要用蛋黄肉粽跟你换啊，人家只说蛋黄吃多了容易噎着好嘛。”

吴悦听完更气了：“那要她装什么大度，装什么好人嘛！我自己不会送人啊？！”

真正大度的好人，以诚待人，有豁达的胸襟和气度，关心他人胜过关心自己。如果只是想假装好人，却最后被识破，那不如一开始就不要装好人了。

·2·

千羽摇着冰摇柠檬茶，说：“我姑妈从小就是这样，爱充好人，装大度。”末了还赶紧补一句，“而且还是喜欢拿别人的东西装！贼讨厌她这样的人。”

听千羽说，记得小时候，有一次她在百货商场看到一个很可爱的抱枕，起初她妈妈不同意给她买，说家里已经有很多了，可小千羽大概是太喜欢了，固执地赖在原地不肯走，非要买下了才肯离开。后来她妈妈拗不过她，总算是同意了。

偏不巧的是，那天傍晚，她姨妈带着表姐来她家串门，那天正好姑妈也在她家。表姐一眼就相中了那个抱枕，就摇着千羽妈妈的手央求："小姨，小羽那个抱枕我也想要，能送我吗？"

千羽说什么都不肯，那可是自己好不容易争取来的心头好啊。何况百货商店也还有余货，既不是绝版，也不是非卖品。千羽一把抱过抱枕，说道："表姐，喜欢叫姨妈给你去买嘛，还没卖完的。"

表姐偏不依，就是看上千羽的这只抱枕了。

千羽妈妈有些左右为难，对千羽说："表姐喜欢，要不你就送给表姐吧？"

千羽还没来得及拒绝，一旁的姑妈开了腔："表姐难得来你家做客，你要做出点小主人的样子，让着表姐一点儿。一个抱枕嘛，回头让你妈再给你买一个，既然表姐喜欢，你就大度点儿送她好啦。"

表姐感激地看了看千羽姑妈，一脸盼望的表情看着千羽。

千羽赌气把自己关进了房间，临关门时听到姑妈还在抱怨："这孩子……一点儿也不知道谦让。你们别介意啊，回头我说说她。"千羽不想听妈妈到底有没有为自己辩解，她只想静静。

这件事过去了很多年，却一直都是千羽心里的一根刺。

珊珊幸灾乐祸地问道："哈哈哈，姑妈这波好人装得我好服气啊，又不是送她家的东西，又可以装一回大度，当一回好人。高！实在是高！"

千羽看我一直坐一边没有插话，戳了戳我。我冷冷地说了一句："人家那叫站着说话不腰疼嘛。"

珊珊立刻指着我猛点头："对对对，就是这样！可苦了我们家小羽了。"她假装摸摸小羽的头，"别难过了哈，回头珊珊姐买一个送你。不！咱买十个！"

千羽叹了口气："哎，还不止呢！"

原来就在前阵子，很久没出现的姑妈敲开了千羽家的门。千羽还在奇怪，姑妈怎么知道她的住址的，她已经一个人搬出来住很久了。

姑妈也不绕圈子，开门见山就说："小羽啊，我领导的儿子化学成绩不好，我记得你高中时化学成绩很好的，我就答应了领导让他儿子来你这补习一阵子。你看什么时候开始呢？"

千羽蒙圈了，心想着，你这波好人也装得太过火了吧？自己还什么都没答应，你就先应允人家了，还真是大度得很呢，自动请缨帮领导解决难题。

千羽还没说完，珊珊就笑了："我还是觉得你姑妈是高人啊，你看这先斩后奏要得多溜！研究兵法的呀？"

千羽瞪了一眼珊珊，嘟囔着："兵法可不是这么要的呀！"但是我们更关心，千羽到底答应了没有。

千羽说："我没答应，她要装好人，替领导解决问题，是她的事，关我什么事。要假装好人就让她去装好了，我可不当她的升职工具。"

真正大度的好人，不会只站在自己的位置上看别人的痛苦，更不会堂而皇之地利用任何人的优势。

·3·

楚楚的公司有一个特别爱好广场舞的同事王大姐，心态年轻有活力，所以楚楚他们都按照王大姐的要求，喊她小王姐。

楚楚刚进这家公司的时候，还和我们说："你们没看到，王大姐摆着那妖娆的身姿，还特别提醒我，千万别把她喊老喽。"

因为得知楚楚学过街舞，王大姐便整天拿着几个广场舞的视频，让楚楚指导她分解动作学习广场舞。楚楚心想着自己是新人，不太好意思驳了王大姐的面子，但对于王大姐那种不分时段、心血来潮就要求她帮忙看视频的行为，还是很有怨言的。

于是，楚楚只答应了王大姐，可以午休或下班后的时间给她稍作指导，上班时间她需要工作。

但对王大姐而言，有了楚楚的帮助，她的舞技简直可以用突飞猛进来形容，短短几个月时间，一跃成为她们那一堆"广场舞大妈"中的领舞。

自从王大姐成了领舞后，她的"业务"忽然就忙了起来。经常有舞友寻着上办公室来找她聊天，她还会拉着舞友进会议室去"舞动青春"一番。有时候聊得起劲的时候，一聊就聊到下班了。

楚楚表情怪异地说："更神奇的是，她们有时候看到什么动作不会跳了，小王姐居然还会来办公室喊我去教他们的，我就去了一次，后来叫我去，我死活都不去。为了这唯一的一次破例，我都不知道私底下被同事取笑了多少回了。"

起初同事们也是敢怒不敢言，可会议室的扩音喇叭都扩到办公室了，不知道的人路过，还以为我们是文娱公司。于是，原本只是私下讨论的同事变成了公开的指责，这件事便在他们办公室炸了窝似的一发不可收拾。

他们同事有个脾气特别火暴的小伙子，平时绰号就叫火火。他也不管王大姐的资历有多老，在某一天又有舞友来“切磋舞技”的时候，他终于爆发了：“小王姐，这办公室又不是广场，我们都在干活，你不能因为你自己闲，就不管同事们的‘死活’呀！”

王大姐没想到火火会当着同事们和舞友的面当众顶撞她，一下子觉得面子挂不住了，便噼里啪啦地就拿火火开涮了，说得火火的脸色青一阵红一阵，却完全没有间隙可以顶嘴。

同事们纷纷议论：“想不到小王姐不只是个‘广场舞狂魔’，还有一条三寸不烂之舌啊！”

王大姐虽然明知道火火和同事们的意见是对的，却死活不肯认错，还觉得是同事们联合起来排挤她。赌气的王大姐不只耍脾气，有同事拿资料找她去存档的时候，她甚至拒绝同事的存档，把那个同事也搞得有些头疼：“哎！这本来就是她的工作哎，现在都要我们自己做。”

于是，同事私下里来让楚楚出面当一回和事佬，这样也是给同事提供工作方便。楚楚果断拒绝了同事的建议：“这是……表示都大度地接受了她的错误？我才不假装好人呢。这点是非判断力还是要有的。否则她可能都不承认自己的错的呢。”

楚楚说完，立刻来群里跟我们讨奖励：“刚正不阿的我，是不是在你们的心中瞬间形象高大了起来？快夸我！”王珏第一个竖起了大拇指点赞。

后来，听楚楚说，公司里没有同事愿意主动先低头和原本就有错的王大姐沟通，王大姐也一直赌着气拒绝做他们存档等原本就是她的工作，引来了众怒，也引来了公司领导的关注，后来还是领导出面处理解决的问题。

认清是非和事实，做恰当大度的好人。哪怕只是一时的心软，可能也只是做一个是非不分的烂好人。

不要博“大度”的眼球，你会哭的

·1·

在一次读书会上，我认识了闫菲，因为志同道合，我们常常周末的时候一起组团逛吃逛吃，海底捞、西堤厚牛肉馆、银泰大厦顶楼形形色色的小吃铺……我们一起吃的足迹几乎覆盖了大半个杭州城。

后来又在机缘巧合下认识了冰美人萌萌。萌萌不太喜欢说话，却是个正宗的吃货，而且她也总是一个人。于是我把她介绍给了闫菲，我们三个人算是组成了一支“吃货小分队”。

得知我也住在城西，而且我们上班的地方距离也不远，萌萌分外开心：“那以后我们下班也可以经常一起吃饭、逛街了。”

闫菲对此羡慕不已：“你们搞得我也好想把工作换到城西这边来啊！”

我和萌萌在城西找到好吃的、好玩的，总会第一时间分享给闫菲，萌萌说：“等你周末有空了我们重新再吃一遍好啦。”闫菲玩笑似的假装自己很生气，说我们这是在勾引她外加“秀恩爱”。

可渐渐地，闫菲参加“吃货小分队”的行动越来越少，和我们聊天的频次也越来越少。

萌萌觉得有种说不上来的奇怪，她总问我："菲菲最近很忙吗？"

事实上，我也不太清楚，主动找她聊过几次天，也是不冷不热地几句话，聊得淡了也就没怎么联系了。但心里还是会觉得挺可惜的，原本可以是很好的朋友，甚至闺密，却忽然变成了只有读书会有活动了才能遇到的文友。

起初，闫菲的退出对我们的打击性也挺大，萌萌为此消沉了很久。但我们依然习惯性地拍美食、发朋友圈，希望能勾起闫菲的美好回忆，重新加入我们。

闫菲从开始的偶尔会给我点赞，到后来连她的朋友圈我们都看不到了，这点着实让我们心寒，也便不再对她的回归抱希望了，萌萌说："她要是不忙了，我们还找她去玩吧。"我点头赞同。

几个月后，闫菲意外地在"吃货小分队"里"艾特"我们，她只说自己之前太忙了，没有时间参与我们的活动，现在忙过了这阵子，已经有时间了。萌萌热烈地表示欢迎她的重新加入，但只有我知道，事情并不是这么回事。

她在群里说话之前，其实私信过我："我应该跟你说声抱歉的。"我当时并不理解她为什么要跟我道歉，她又说道，"之前看你和萌萌这么要好，我确实有些嫉妒了，我就想着，我就大度点儿，不来打扰你们的友情了。"

看完她的话，我更蒙了："友情本来就可以共享，要什么大度地出让？"

"是啊，我想了很久，才想明白，友情和爱情是不一样的，爱情不能共享，共享了那叫小三，友情则不一样，它完全是可以共享的。你知道吗，看你们一起吃一起玩，我都难过地哭了好几次呢。”她还发了一个比心的表情，“现在我迷途知返了，你们还会像以前那样接受我吗？”

“当然啦，我们本来就是好朋友，之前我们不是向你炫耀的，是希望能勾起你的美好回忆啊。”

大度需要有选择性，与人相处如耕耘，有选择地将自己的付出投向正确的方向，往往收获得会更丰厚。盲目地大度，结果可能会让你哭笑不得。

·2·

关于大度的选择性问题，阿瑶也是深有体会，她说：“你说得太对了，我就是太没有选择、太没有原则了，才把自己搞得这么狼狈，现在进退两难，我要哭晕在厕所啦！”

阿瑶在单位是做党建工作，平时主要负责宣传为主，偶尔也会参与一些工作会议的记录工作，制定党员发展规划等。后来有一个新项目在异地启动，缺少一位党建负责人，领导思虑再三，讨论之后，发现很多同事都不愿意去，理由也是五花八门，最后决定派阿瑶去“支援”。

阿瑶心想着，自己在总部都还只是个工作人员，去项目组就能当负责人，等项目结束后回来，也许能就此官升一级，也不错。

阿瑶妈妈对此颇有微词：“你可真大度，别人不愿意去项目组，你倒是好，就差没主动请缨了吧。”

阿瑶还是背上行囊，进了项目组。

可到了项目组以后，办公楼租的当地民房，寝室就在办公楼不远的另一幢民房，虽然这些外在条件阿瑶早已经预料到，真实看到的时候，阿瑶还是有些许傻眼，她告诉自己，就当是下基层锻炼吧。

本着尽心尽责的心，阿瑶的工作也如火如荼地展开了。起初做得还挺顺手，项目经理对她也是青睐有加，直夸小姑娘肯吃苦，以后一定有大作为。

时间久了，阿瑶发现，原来经理的吃苦耐劳还有其他深意。

临下班的时候，阿瑶正兴奋地等着晚上的电视剧更新，项目经理走过来说："小瑶，明天晚上有个临时会议，你下班不要走，会议记录你来做。"

"经理，会议记录不是都由办公室的吴姐做吗？"阿瑶有些纳闷，这是项目的进度会议，远不在她的工作范围中。

"她说她不会做，专业的那些术语她听不懂。还是你来吧。"经理解释。

"噢……可我也不太懂……"见到经理扫了她一眼，阿瑶调转语气，"好的。没问题。"

那场会议从晚上 7 点多，一直开到 10 点半左右才结束，回到寝室，阿瑶拿着录音笔又继续写记录，写完又认真核对了一遍，临近凌晨才满意地睡觉。

没过多久，经理又拿着一摞资料放在了阿瑶面前，指着资料说："这些项目资料，你有时间了按照体系整理一下，回头他们监理部门用得着的。"一边抱怨，"哎，这些工人啊，太糙了，资料不归类，统统往上叠，我都说了他们好几次了。"转而跟阿瑶说，"你辛苦了。"

阿瑶郁闷了，这些活儿不是都是办公室的吴姐做的吗？怎么一下子全推自己头上了呢？

平时吴姐拿一些资料让阿瑶帮忙复印，文件多了就拿来让阿瑶帮忙打印，美其名曰她手速比较快；吴姐想去市里休假，请了几天假，吴姐的活儿就都让阿瑶帮忙；原本项目会议记录是吴姐做的，她懒得做，推说不会，也推到了阿瑶手上……更可恶的是，阿瑶办公用的是自己的电脑，可同事们甚至项目经理想用电脑了，就直接拿着她的电脑走了，搞得阿瑶经常上个洗手间回来，以为自己电脑被盗了。

经理无所谓地摆摆手：“哎呀，小姑娘嘛，多做点儿有助于经验积累，小瑶你就大度点儿，别跟办公室吴姐计较了。”说完便出去了。

阿瑶后悔着跟我们说：“当初第一次让我做那些事的时候我就应该果断拒绝的，现在好了，做也不是，不做也不是。更可笑的是，经理还要我大度点儿，再大度下去呀，我就要累死在项目上啦。”

大度也需要有原则性，要有自己的准则和尺度。有原则地选择大度的对象，让自己的付出更有价值，而不是一味纵容别人的得寸进尺。

·3·

辣椒失恋了，她阴郁地问我：“你能猜到我们分手的原因不？”我没好意思直接回答，只是心里默默地腹诽，开玩笑，我怎么可能猜得到？她见我没回答，就开始自问自答，“都是拜我那闺密所赐！太坑了，好朋友的墙脚也挖。”

“啊？难道是露露？”辣椒的闺密我多少也有耳闻，无非那么几个，和她走得最近的，大概就是露露了。辣椒给我一个坚定的赞赏表情，好像在说，聪明！

辣椒没有告诉我具体原因，但我知道，以辣椒的火暴性子，这友情算是走到头了。

辣椒是个“硬汉”，即使遇到这样被闺密背叛的事，也没有消沉很久，约了我们美美地吃一餐五星酒店的自助餐，就算是满血复活了。

用辣椒的话说，没有什么是美食解决不了的，如果一餐不行，那就再来一餐嘛。

为了让辣椒能彻底走出阴影，我们决定再聚一餐巩固一下情绪。只是那时候我还在杭州，所以这一餐聚会就大约已经是两个月后的事了。

偏不巧，正吃到兴头上的时候，老远就看到露露和她的朋友在甜品的展示台前挑甜品。

狭路相逢勇者胜。辣椒不以为意，她似乎已经完全走出了失恋的阴影，自动忽视着从露露身边走过，回到了餐桌前。

却没想到露露主动朝着我们的餐桌走了过来，闷声不响地站在辣椒面前，等待着辣椒先开口。可辣椒却偏偏就是不说话，当眼前的露露是个大透明。

眼看着露露的眼圈都红了，坐在一旁的糖糖按捺不住了：“辣椒，人家露露都站你眼前了，你们有什么事就当面说说清楚吧？”

辣椒在烧烤堆里抬起头来回答糖糖：“说清楚什么？还有什

么好说的呢？该说的不都已经说了吗？”

露露抿了抿嘴：“辣椒……”却见辣椒起身，端着盘子，又去拿食物去了。

场面顿时有些尴尬。辣椒大概是看到露露离开了，才重新又回来。

“哎呀，辣椒妹子，你就大度点儿，原谅露露吧，就算不能继续做朋友了，也不至于老死不相往来吧，见面打个招呼应该问题不大呀？”有朋友老远飘来这么一句。

“我大度点儿？原谅她？凭什么？”辣椒那火暴性子说着又冒出来了，“我在网上看到过这样一句话，说，原谅一个人不是出自内心的话，那么对别人来说是欺骗，对自己来说是背叛，不报复就已经是最大的大度了，不忘记则是对自己最大的保护。你说要我违背初心吗？”

“辣椒你这有些偏执了吧？”糖糖补了一句。

“那就当我偏执好啦。”辣椒无所谓地耸耸肩。

辣椒的这段话让我们都沉默深思了很久，我好像忽然就理解了辣椒的偏执，要想博“大度”的眼球，付出的代价可能会让自己痛苦不堪，至少于辣椒，是如此。那还不如就此做一个偏执、小气的人好了。

大度，很多时候说起来轻巧，做起来却很难。没有经历过的痛苦，就不要堂而皇之地劝他人宽容大度了。不大度，也是一种保护。

好心过度泛滥后遗症

·1·

肖敏经常被我们取笑患有“好心泛滥综合征”，她也因此而经常吃一些闷亏，大概是性格的关系，屡教不改，次数多了，我们也就习惯了，不治就不治吧。

听肖敏说，公司前阵子新招了一个助理工程师小姜，专门分配给肖敏当助手，负责质量监督的工作。小姑娘看着挺机灵的，嘴巴也甜，一口一个“肖工”，把肖敏喊得心里美滋滋的。肖敏便想着好好培养小姜，以后让她独挑大梁。

小姜起初工作的热情也很高，天天跟着肖敏身后学这学那，遇到不懂的也会立即就问，肖敏不但不会觉得很烦琐，还觉得小姜是个上进的孩子，看得肖敏甚是喜欢，几乎可以说是将本事倾囊相授了。

肖敏经常周末加班，偶尔也会周末零散地发一些资料给小姜，要求小姜完成的同时，也是一种学习的过程。起初小姜做得乐此不疲，也都能保质保量地完成。

有次周五临近下班，肖敏把任务布置给小姜，让她务必周一上班前就把资料理出来上交，周一一上班，就要跟老板汇报的。

可那个周末小姜正好和男朋友有约会，直到周日晚上看完电影回家才想起来还有工作没做完，眼看着睡觉时间要到了，小姜想着明天早上早点起来整理吧，也来得及的。偏偏第二天闹钟没响，不仅资料没整理好，连上班都迟到了。

为了这件事，肖敏还跟我们抱怨过，她为此被老板狠狠训了一顿，差点儿耽误了会议，幸亏肖敏也是能人，资料概况本来就是她自己整理的，索性就直接现场即兴汇报。虽然也有不完善的地方，但好歹也算是蒙混过关了。

小姜到了办公室，颤颤巍巍地去找肖敏，肖敏也没批评她，只让她下次注意。

很快，肖敏的公司就迎来了一年一度的年检，质量监督是重头工作，公司上下都格外重视，三天的专家检查比工作三个月还要忙和累。小姜的工作也从学习变成了硬性的任务，肖敏把自己手头相对简单的工作逐步分派一些出来给小姜。

这下苦了小姜了，真正实战操练起来，她才知道自己平时还有很多的不足。可下班时间眼看就要到了，同事们都没什么动静，才参加第一年年检的小姜开始纳闷，这是要加班的节奏啊？

“小姜，我们每年这段时间都是加班的啊，他们实验室有些还要通宵呢。”同事好意提醒她。

小姜有些苦不堪言，下午才刚约了男朋友晚上要去唱K，现在说要加班，还可能要通宵？

“小姜，肖工对你真好，平时没少教你东西吧，每年这个时候肖工基本吃住都在办公室，今年有你可就好了，你能帮她一起做了。”另一个同事也来凑热闹。

可小姜却忽然瘪瘪嘴，不情不愿地说道：“每天压很多任务给我，说是要帮我快速提升呢，谁知道是不是帮自己减轻任务呀？”

这时候肖敏正好有事要来找小姜，走到门口就听到小姜他们的对话，肖敏跟我们说：“别说她觉得苦，我都觉得苦，但我们的苦却不一样，我还想好心提升她能独当一面呢……”

收敛起你过度的好心吧，懂你的人才会懂得你的好心，否则沟通不及时，认知错位，此“好心”变成了非彼“好意”，只会导致效果适得其反。

·2·

筱晴的男朋友邹凯是众所周知的暖男，曾一度让我们羡慕和赞叹她真是好命，不仅考进了事业单位，还找了个又帅又暖的男朋友。

偶尔在奶茶店遇到他们俩，看着邹凯因为怕筱晴烫嘴，自己先给她的奶茶试温，再送到她手里，还千叮咛万嘱咐要小心烫，活脱脱就是现实版的“你是我的优乐美”。

我不禁调侃他们：“哎哟，奶茶还没喝到，这把‘狗粮’给喂的……”筱晴捂嘴偷笑。

可没过几天，就看到筱晴朋友圈晒出这样一段话：什么是暖男，只暖一个人的是暖男，暖一群人的，长得好看的叫中央空调，长得丑的叫煤球炉！下面有朋友回复：还可能是个烧锅炉的。

我们都有些奇怪，私下里议论筱晴这是怎么了，邹凯向来都是暖男代表，难道说的是他？

晚饭吃火锅，约了筱晴一起吃，筱晴的脸色不太好，我们都问她怎么了，她气愤地说："邹凯这回是真要'奏凯'（走开）了，竟然当着我的面还敢对别人嘘寒问暖的，他真以为自己是中央空调啊！"

原来，前阵子约会的时候，邹凯遇到了大学时的女同学雁子，邹凯也没问筱晴意见，随口邀请雁子一起吃饭，本以为雁子不会同意，没想到雁子竟然边应允边坐了下来。

邹凯见雁子坐了下来，尴尬地看了一眼筱晴，见筱晴没说什么，便主动替雁子去另添了一副碗筷。筱晴想着来者是客，既然是邹凯的大学同学，也顺道见识下邹凯的大学生活。

筱晴主动向雁子打听邹凯的大学生活，雁子便打开了话匣子，滔滔不绝地讲了很多邹凯的过去，包括以前邹凯追过自己，整天追在后面像个小男友一样，照顾得面面俱到的。边说着，边用眼神瞟了一眼筱晴眼前的三文鱼刺身。

不承想，邹凯只一个眼神就接收到了雁子的信号，立刻就顺从地给雁子夹了两块三文鱼，因为雁子的酱油碟没有加芥末，邹凯还贴心地从自己的酱油碟里蘸了一下，将蘸有芥末的三文鱼稳稳地放在了雁子碗中。之后又将其他菜也接连夹给雁子，一边嘴里念叨着："这几个菜都不错，你尝尝。"

筱晴在旁边看着眼睛都快冒了火，正牌女朋友都还坐在身边呢，居然敢这么对其他女人献殷勤？

好不容易吃完了饭，邹凯又主动开口说要不送雁子一程吧，反正他们开车，比较方便，雁子家离市中心还有段距离。筱晴不好意思拒绝，但坐在车里让她感觉自己像个外人。

雁子在小区门口下车的时候，邹凯还忍不住多说了一句：“到家了给报个平安啊。”雁子笑得花枝招展地踏进了小区，留下已经气炸了的筱晴和浑然无感的邹凯。

返程路上，筱晴安静地坐着不说话，邹凯说话她也不搭理，他总算是意识到了筱晴的不对劲儿：“亲爱的，怎么了？”

筱晴忍不住地朝邹凯就是一顿吼：“关心我做什么，你去关心别人啊！又是夹菜又是送回家的，你还真是够温暖贴心的。”

“你别误会，我这不是好心嘛，菜离得远，我给她夹一下，再说她家又远，她又没车，不方便啊。”邹凯慌忙解释道，“真的别误会，真没什么！”

“好心？你这好心泛滥得也太过头了吧？缺心眼啊？”筱晴没好气地继续发飙。

“我……唉……”

不论邹凯怎么解释，筱晴的气还没过去，我们猜邹凯一下子可能没那么容易过关。

毕竟，爱情里的人都是小气的，好心也要用对地方才是真好心，随意泛滥只会适得其反。

·3·

邻居胡阿姨在我们小区里是出了名的好心肠，只要谁家有需要帮忙，用胡阿姨调侃自己的话说："胡阿姨是块砖，哪里需要哪里搬。"

去年年末，胡阿姨还被评为小区里的"劳模"。拿着物业给的奖励，胡阿姨笑得脸上褶子都多了好几条。

但是胡阿姨又和一些家政阿姨不一样，她帮助任何人都是义务的，前不久还加入了社区的志愿者团队，对胡阿姨来说，这是光荣。

前几天在小区遇到胡阿姨，却见她明显憔悴了不少。我便过去跟她打招呼："阿姨好。"

胡阿姨一看是我，强振起精神回应了我一句："噢，小慕啊，好久没见你了……"

见她在给自己捶腰，我顺势问道："阿姨，腰怎么了？"

"有点儿酸，这个天气不太舒服。"她指指天空。

"那要多休息啊……"

她的话还没说完，就见到物业那边走出来一个小姑娘，嗲声嗲气地说："胡阿姨，我这边地上还有一些水渍，你帮我清理一下吗？"

胡阿姨叹了口气说道："要是有个分身术就好了。"看似有些无奈地朝物业的方向走去。

没走两步，迎面一辆电瓶车开过来，是8楼的邻居小叶。

小叶看到胡阿姨，立刻停了下来，拉着她说："胡阿姨，您上次做的熏鱼真是太好吃了，您什么时候有时间啊，能帮我做点儿吗？"

做熏鱼，说难不难，说简单也不简单，鱼的晾晒和油炸的程度都要控制好。最关键是，如果在家里做，会把灶台溅得到处都是油渍。所以做完熏鱼后的清理工作是相当累人的一件事。

看得出来胡阿姨有些犹豫，我听到她说：“我最近可能会有点儿忙。”

小叶不放弃地说：“没关系，没关系，过几天好了，不急在这几天里。”胡阿姨的好心肠估计又泛滥了，不好意思拒绝，就应允了下来。

电梯里遇到小叶，她还客气地说：“回头我给你们家拿点儿下来，很好吃哟。”

回到家，母亲告诉我刚才楼道遇到胡阿姨，还把家里比较有效的药膏给她送了一瓶过去，母亲说：“看她撑着腰还要热心帮忙，也怪可怜的。”

原来前阵子小区里草坪除草，热心的胡阿姨自告奋勇地过去帮忙，搞了整整一天，才把草坪都整理干净。后来清理水池，原本也是物业安排清洁的，小姑娘们怕苦，看到胡阿姨又叫她一起帮忙，好心的胡阿姨又同意了。再后来创建文明城市，社区又安排巡逻，作为志愿者的胡阿姨又去跟着在周边到处巡逻……

听完母亲的叙述，我拍拍脑袋感叹：“胡阿姨也是够忙的，她忙得过来吗？我听着都够累的。”母亲摇摇头，没有回答我。

没过几天，我在地下车库停车，听到不远处飘来的两个声音。

一个女人说：“我家那个油烟机最近想清理都没有时间，我自己也不会弄那个东西啊，要不去家政中心找个阿姨来清理下，大不了付点钱嘛。”

另一个女人说：“哎呀，叫什么家政，出什么钱啊，叫隔壁楼那个胡阿姨啊，我上次就请她帮忙清理的，还免费呢。”

声音渐行渐远，可我却有些替胡阿姨不值，明明是好心帮忙，到头来似乎变成了理所当然。

治疗“好心过度泛滥后遗症”，首要就是要学会克制，大度也要讲究价值体现，任何无价值的大度都是在被占便宜。

恰当大度，才是最有情的善良

·1·

尼莫从做设计开始，他的设计理念就十分新颖，他的老板因此十分器重他这个设计人才。

他们公司前阵子新来了一个同事何侃，自从何侃来到公司以后，老板也是十分倚重，想方设法地栽培他，似乎有意锻炼何侃以后继任设计总监的职位。同事们私底下传言何侃是老板的某个亲戚，但谁也没有去求证过。

赶巧的是一个项目，业主单位要求同时出两份设计文案进行比对，大致沟通了设计理念后，老板确定尼莫和何侃作为这次比对项目的两名设计负责人。

这样的项目尼莫从业以来几乎没有遇到过，同事们便纷纷议论，这是不是同时会作为老板选拔设计总监的一项考验指标呢？尼莫摩拳擦掌地十分期待，当时还信心十足地表示，他不只会拿下这个项目，还会顺道拿下设计总监这个名头。

那阵子想约尼莫都会被拒之门外，他一边到处找灵感，一边设计画稿。有几次给他送个外卖，就看他顶着鸟窝头，似乎开个门都打断了他神一样的灵感似的，我们嘲笑他，和某些电视剧里抓狂的设计师形象十分贴合。

不承想，有一天，和尼莫比较要好的一个同事来看他的时候，看到他桌上的画稿和电脑里的设计稿，忽然惊奇道：“尼莫，你这图我好像在哪儿见过啊？”

尼莫也有些震惊，这套设计他琢磨了几天几夜，同事是怎么见到的？尼莫不禁问同事：“你哪里见过啊？你想想。”

“不确定是不是一样，不过和你这图大致差不多……”同事想了想，恍然，“哦……对，在何侃那儿见过，他前两天把草稿放老板桌上在讨论，我刚好进去汇报工作，瞟了一眼，当时我还夸何侃那张设计不错来着。”

“何侃？何侃怎么会和我的设计重叠呢？”尼莫有些纳闷。

“也不是没可能啊，你们毕竟做同一个公司的设计稿，都是同一家公司给出的设计理念，有些地方重叠也是正常的。”同事倒觉得没什么。

可尼莫并不是这样想，因为尼莫在研究过业主单位的设计要求后，发现有几处矛盾的地方，还特地找业主单位负责人沟通过，调整过理念，但尼莫私心想拿下这个项目，便没有将矛盾点和沟通的新结果告诉何侃，想来这样便只有自己这份文案符合要求了。

尼莫回忆了一下，何侃在设计遇到困难的时候，确实找自己沟通过，两人在酒吧聊到很晚，但尼莫当时特地避开了矛盾点和新结果，只是就老方案和何侃进行沟通。只是那天晚上自己喝得有些醉醺醺，是何侃送自己的，后来就不知道了，第二天醒来已经在自己家了。

难道那天晚上何侃翻过他的桌子和画稿，看到了标记在桌上的矛盾点和新结果，还顺便把自己的初稿临摹了一份？

“没凭没据可不能莫名去指认啊，别说没人信，很可能还会被反咬呢。”我提醒尼莫。

尼莫考虑再三，还是决定重新修改了自己的设计文案，但也因此没有拿下这个项目。他觉得瞿文说得也有道理，即使他选择大度点儿息事宁人，但心里的疙瘩却始终抹不平。

他说：“虽说这件事是过去了，但一想到要和他一直共事，让我假装大度原谅他，似乎挺难。”我们猜想，大概离他辞职也不久了。

·2·

说起尼莫，就想起尼莫读大学的时候和我们吐槽过的他的一个同学，叫林嘉。

林嘉是尼莫的大学同学，原本大一的时候，都是新同学，彼此关系都很要好，但大概一学年过去后，林嘉的身边剩下的朋友却已经寥寥无几。

听尼莫说，林嘉之所以会被同学隔离，是因为他为人太过于小气了，小气得令人发指。

我们当时还偷笑：“有没有那么夸张？”

男生寝室不比女生天天喊减肥，他们经常会买点夜宵加几罐啤酒，称兄道弟喝到半夜。在尼莫的寝室里，有一个不成文的规定，因为几乎每天都要吃夜宵，所以大家轮流请客。

林嘉住在尼莫隔壁的寝室，但每每到了夜宵时间，他都会主动出现，不是借本子就是借沐浴露，总之理由众多，每天理由都不一样，但却都掐着夜宵的时间点。

时间久了，似乎也都懂了。于是尼莫和室友都会客气地留下林嘉吃了夜宵再走。

可吃了大概一个月，林嘉也没有要请大家的意思，室友便调侃："林嘉，你什么时候请我们吃一顿呀，你小子整天在我们寝室蹭吃蹭喝的，是时候该你请了。"尼莫还挺不好意思，戳戳室友，让他说话别这么直白。

林嘉笑笑说："过几天吧，等我生活费拿来就请大家。"

眼看着盼了一天又一天，一月又一月，林嘉迟迟没有动静，却依然雷打不动地到点了来尼莫寝室吃夜宵，别说尼莫的室友有意见，连尼莫也觉得有些不太舒服。

这天，林嘉吃完夜宵，前脚刚离开尼莫寝室，室友就说："明天非逼着林嘉那小子请客不可。"其他室友也纷纷表示同意。

没想到，第二天晚上林嘉居然没有在自己的寝室，尼莫的室友便猜测："那小子是不是躲起来了？"尼莫觉得不至于，可能真的有事吧。

连着一星期，林嘉都没回寝室，问林嘉的室友，室友也不清楚，只说林嘉最近都很晚才回寝室，一到寝室倒头就睡，谁也不知道他到底是干什么去了。

为此，尼莫还批评了室友："你看，他确实有事，不是躲起来了呢。"

可有天中午饭后，他们回寝室的路上，碰到林嘉的老乡，老乡在他们寝室楼下左等右等不见林嘉，看到尼莫他们过来，便拦住了他们："嘿，同学，你们和林嘉一个班的吧，我们见过，记得吧？"

他们看着有些眼熟，一时半会儿没想起来，但对方说到林嘉的名字，确实是自己同学，便点头表示相熟。

老乡开口说："哎，我在这儿等了很久，也没见林嘉来，打他电话也没人接，你们帮我捎个话，就说晚上我要出去，让他下课后别来了。"

尼莫的室友多了个心眼，问了一句："他每天都在你寝室？"见老乡点点头，又继续问道，"那他每天在你寝室干吗？好像都很晚回来哟。"

老乡露出纳闷的表情回答说："这……我也不太清楚，也没什么事，他每天就在我旁边看我玩游戏，等我们寝室要休息了，他才走。"

老乡走后，尼莫的室友们异常气愤："这小子原来是去老乡寝室躲着请客哪？这么个铁公鸡，以后就不要来我们寝室了。"

后来说起林嘉，似乎就能让人联想到"铁公鸡"，很多同学也纷纷同意，林嘉经常东借一样东西，西拼一件物品，却从来不主动帮助同学或和同学互动，时间久了，同学对他的感情也就淡了。

尼莫说，就连毕业后开同学会，都没人联系林嘉。

相对于小气的人，大度的人会更受欢迎，不是因为想占便宜，而是大度的人更珍惜彼此的感情，更有情谊。

·3·

魏依依是一个很漂亮的姑娘，也很会打扮，是那种走到哪里都会成为焦点的女孩子。我和糖糖偶然在星巴克遇到这位传说中的美女，不只是我惊叹她的美貌，就连邻桌有一些男生都忍不住偷瞄她。

可等她离开后，糖糖说起她，却带有些许鄙视的情绪。我有些纳闷，糖糖虽然八卦，却不是难相处的人，反而身边朋友很多，她很少这样看待一个朋友，她便和我说起了魏依依的事。

魏依依是糖糖的朋友，虽说美女总是不乏追求者，但依依美女的要求似乎很高，所以便一直单身着。

眼看着身边的朋友都有了伴，不只魏依依的父母，连她本人也有些着急，心想着，自己也不丑啊，怎么比她丑的都有了男朋友，自己却总难尘埃落定呢。

依依找糖糖诉苦，引来糖糖的一顿鄙视："还不是你自己作的，篓里挑花，眼花了吧？挑不准了吧？"

"你们都说我要求高，可我觉得我要求也不高啊，我就想挑个自己喜欢的，你看看那些嫁给爱情的，多幸福，我可不想因为年龄而嫁，我是要嫁给爱情的人。"依依辩驳道。

"那你到底想要什么样的啊？"糖糖是个没什么耐心的人，别人磨磨蹭蹭的，她看着就会容易上火。

依依大致描述了一遍自己对男朋友的要求，糖糖听来听去，觉得自己一个表哥正合适，便想着将她介绍给自己的表哥认识。依依也没有反对，两人便另约时间。

糖糖表哥和依依见面后，甚是喜欢，可依依似乎没什么感觉，更是对他的追求没什么动静。糖糖表哥从送花到送礼物，再到送首饰，依依照单全收，但若是要约看电影、约吃饭、约逛街，依依都总是有事，根本约不到。

糖糖表哥再次求助糖糖："你去帮我约一下依依，她什么时候有时间，我约不到她。"

糖糖更纳闷了，这都过去快两个月了，她也看到依依的朋友圈今天晒一束花，明天晒一条项链的，原来两人还没正式约过会啊？

"哎哟，糖妹，我跟你说实话啦，你这表哥确实各方面都符合我的择偶标准，可我偏偏对他没有感觉啊，我以为拒绝了他几次约会的请求他会放弃，可他不仅没放弃，还整天给我送礼物，搞得我都不好意思直接开口拒绝他。"依依也不瞒着糖糖，"我想着可能多拒绝几次就好了吧，是他一直不放弃嘛，我也就大度地接受他的礼物了，这个东西你知道的，一个愿打一个愿挨嘛。"说完还捂着嘴咯咯地笑。

依依的笑容扎得糖糖觉得有些刺眼："大姐！照你说还是我表哥的不是了，老缠着给你送东西是不？"糖糖有些气愤，"这种事你大度个什么劲儿啊？喜欢就喜欢，不喜欢就不喜欢，你这样不是大度，你这样是拖着人家的感情啊！"

依依没想到糖糖会这么生气，略带委屈地说："以前不也一直都是这样嘛，你还鼓励我大度点儿，别不客气地见着不喜欢就拒绝，人家自己会适时放弃的。"

糖糖更气了："可那是我表哥啊！"

糖糖说完还难掩气愤的情绪，我对她说："这事你也有不对，你也大度点儿吧，你表哥现在不也找了个不错的姑娘吗？”

不能接受的感情，不需要看似大度地接受别人的追求，直接拒绝是对双方最有情、最好的方式。

不懂大度的心软，得这样治

倘若你总是被无节制地索取，但其实心里并不好过，你很想摆脱这样的局面，不想被道德绑架成一个“好人”，那你何必还要继续做这个烂好人呢?

倘若你总是很热情地答应别人的请求，但其实心里压根儿不愿意去做一件事，你害怕被人说你小气和斤斤计较，总是博“大度”的眼球，你累不累?

倘若你总是克制不住的“好心”泛滥，但却不注重泛滥的场合，你的价值得不到呈现，你的“好心”可能未必会成为“好意”，那你的“好心过度泛滥”是不是得治一治了?

倘若你总是把握不住大度的尺度，但其实心里又清楚这样的自己只会徒增委屈，你还会继续放任这样的善良横行吗?

说了这么多，你却依然不知道怎么去恰当地大度，那么我就来具体解释一下，该怎么治疗自己不懂大度的心软。

·有原则的付出·

你能认清一个很现实的问题吗?老好人在生活中的处境其实并不会有多好。你会选择让自己做一个盲目的“老好人”吗?

其实人际关系的相处和耕耘的道理是一样的，并不是所有的付出都会有回报。所以，不论是在情感还是经济上的付出，都应该是有原则的，将自己的付出投向正确的方向。

比如上班时间在会议室里练习广场舞的王大姐已经超出了工作的范畴，这原本就是王大姐的一个错误示范，对其他职工会造成非常不利的影响。但王大姐不只没有这方面的觉悟，还把提出异议的火火狂喷了一顿，导致原本就有意见的同事更是同仇敌忾地排挤她，这是王大姐自己的错误导致的必然结果。而王大姐更是因此而赌气不肯开展原本就属于她的工作。如果此时由楚楚站出来当和事佬，便是让楚楚代表众人去向王大姐低头接受她的错误，这不仅是楚楚愿不愿意的问题，更是一个关于是非观念的问题。所以，在这种状态下，楚楚并不想假装做好人，她的选择在我看来，完全是正确的。

·善意的谦让·

你的大度是不是总是让你陷入“无谓的牺牲”中？你会不会觉得自己的交际经常变成无效社交？

其实没有目的的吃亏和谦让是没有任何意义的，你只有清楚地了解自己的需求，知道何种谦卑不会使你的付出付诸东流，这样的谦卑才是有意义的。

比如闫菲和萌萌作为朋友，原本一起吃喝玩乐，但闫菲“大度”地退出了“吃货小分队”，相当于主动退出了这个原本属于我们三人的社交圈。但事实上，友情是可以分享的，你可以和A成为朋友，也可以和B成为朋友，甚至以后还有很多的C、D、E、F。独占的友情在社交圈里几乎不存在，友情和爱情是有本质区别的。

但起初的闫菲显然不懂，她的“大度”不仅没显得她大度地谦让，恰恰相反，显出了她的小气。她觉得她已经吃亏地让出了友情，成全了别人的友情，但其实这样的“大度”只会让她失去朋友，可能今天只是我和萌萌，将来还会有更多的“我和萌萌”。

·理性的分享·

你会因为吃过亏而开始变得吝啬吗？会因为旧伤未愈而束缚了原本想要大展身手的心吗？你会因此而孤立了自己吗？

其实，你应该学会理性分析，乐观地看待事物本身，很多的事情也许只需要你借花献佛，并不会对你造成不必要的损失，相反你会受益更多，那你又何乐而不为呢？

比如肖敏，想栽培小姜的心其实没有错，她的错误是没有了解小姜的真实需求。小姜期望的生活是朝九晚五，下班的时间点一到，就可以背包走人和男友约会、唱K、看电影，而不是有忙不完的工作和加不完的班。在上进的人眼里，肖敏这样的领导可遇不可求，她几乎把自己的才学倾囊相授。但在小姜的眼里，她只是一个每天强迫她学习和加班的“坏领导”，肖敏的好心过度泛滥成了小姜的噩梦，她的大度分享成了小姜的折磨，这是肖敏和小姜都始料不及的。如果肖敏能适当地调整授业的战略，理性地分享和指导，也许小姜也不会苦不堪言。反言之，肖敏应该透过这件事而意识到小姜自身的问题，她不是能成为肖敏接班人的合格人选，肖敏也应该释然。只有这样，在下一个“接班人”到来时，肖敏才能全力以赴地去培养。

·有涵养的大气·

你身边有没有为了一点儿小事就无比计较个人得失的人？你会不会对别人的过失或错误斤斤计较？

其实，君子之交淡如水，如果只是一些蝇头小利，我建议你放下这点得失，否则你与那些小肚鸡肠的人又有什么区别呢？不被影响，修养自己的气度，或许你会得到更多。

比如林嘉的所谓“猪一样的队友”就应该数他那位寻上门的老乡了，如果不是这位老乡的神助攻，尼莫和他的室友大概也暂时发现不了林嘉的刻意躲避，只是为了逃避那一顿原本就该他请的夜宵。但其实对林嘉而言，夜宵能花到成千上万吗？同学间的情谊一文不值吗？其实他只要稍微付出哪怕只一回，就可以继续很好地维持与同学之间的这份情谊。我想指出的是，不是说同学的情谊靠夜宵维持，而是这是一种礼貌，也是一种涵养。为什么林嘉在经历了一学年之后，身边的朋友会寥寥无几，不能因此而判断林嘉的同学都是喜欢斤斤计较的人，而是林嘉太在乎个人得失，导致最后只能失去朋友。

大度的人会更受欢迎，因为在得失间，他更注重那份难能可贵的情谊。

·拒绝傲慢与偏见·

你身边有没有这样一类人，因为自己莫名的优越感，而对其他人指手画脚，仿佛自己就是高人一等的人生导师？

其实，任何事情都有平衡点，不刻意讨好比你强大的人，也不需要歧视比你弱小的人，所有的相处都是对等关系，你虚心向强大的人学习，你略尽绵力帮助弱小的人，你以此收获到的除了品格，还可能是优秀的口碑。

比如魏依依是个漂亮的姑娘，那种走到哪儿都是焦点的优越感在长年累月的聚焦下，无疑成就了她的傲慢。按照依依的描述，糖糖介绍了自己的表哥给好友依依，表哥对依依的好感更使她的优越感递增。收了糖糖表哥送来的所有礼物，却独独拒绝了呈上来的那颗真心，依依觉得自己已经很大度了，她只是没有直接拒绝，她想等对方自己放弃。但事实上，她的追求者也并不是只有糖糖表哥一位，她已经不厌其烦地大度接受了他们的“纠缠”，对她来说，这不过是家常便饭的一件事，她从来不会站在别人的角度去考虑。

如果她能设身处地地为别人着想，没有感觉也不可能会发展的感情，直接拒绝会比模棱两可更能展现她的个人魅力。

大度是一种气质，同样很讲究场合。但说到底，随着经验的积累和性格的成熟，人们对于把握大度的尺度和适时地应用也会更得心应手。

没有人会一直处于吃亏的状态，你不计得失的付出一定会为你收获你想要的声誉和地位。

第四章

知道进退，减少不必要的尴尬

其实，进退是一种双向的信息交互，审时度势地观察能更好地帮助你处理许多不能适时表达的情感。

要知道，不懂进退的心软是病，得治。

进退是怎么回事

乔斯坦·贾德的《苏菲的世界》有这样的一种说法：最聪明的是明白自己无知的人，真正的智慧来自内心，明辨是非者必能进退合宜。

不论是日常生活里还是职场上，你总会碰上缓急难以把握的事，也总会遇到不知进退的人。进退的红线难把握，进退的尺度难追求，太较真的事容易伤心，太轻松地放过又容易伤神，你把自己陷入了进退两难的境地。

很多时候，你明明很想做一个进退合宜的人，可总有人推着你赶着你前进，你进而不得，又退而不甘，便容易将自己沦为生活中的小丑。等到事情结束，你又会开始检讨自己，我当时怎么就没想到应该以退为进呢，否则，现在怎么会至于让自己面对如此尴尬？

其实，及时把握进退，才不至于经常让自己陷入难题，避免那些原本不必要面对的尴尬的人、尴尬的事。

如果不懂识别进退的红线，你就会陷入进退维谷的两难中，使自己啼笑皆非。

如果进一步会让你觉得自己有骑虎难下的难处，退一步未必是海阔天空，也可能是悬崖，那你何不在一开始就保持距离感呢，在进退两难时，能有“进可攻，退可守”的进退空间。

有人说，在人际交往的艺术中，应该要懂得建立边界、把握尺度的艺术。与人相处，交情太浅了不行，太深了不行，太近了不行，太远了也不行。

事实上，大部分的进退两难，都是因为心理边界不清所导致的。你对那些职场上的同事关系、爱人间的亲密关系、亲属间的家庭关系以及朋友、陌生人等的普通社交关系没有设定防线，才导致了自己的社交障碍。

为什么身边的人相处起来让人感觉既温暖又舒服，为什么身边的人生活得总是那么惬意，你却总要面临两难的挣扎呢？

大多数举棋不定的心理，都是输给了心软。

你知道他的红线在哪儿，却以“我们关系铁得很”“我是为你好”的幌子一再挑战他人的底线、入侵他人的空间，你就别怪别人为了保护自己而做出的反抗举动了，而正是这样的“越线”才导致了你总是让自己在进退维谷中挣扎，进而使你的人际关系日渐紧张。

因此，知深浅、懂进退、明边界，是至关重要的原则。在进退间能明确不同的想法和体悟，懂得建立自我边界，又能尊重他人的边界，才能及时化解矛盾和尴尬，让自己舒服，也让他人舒服。

但事实上，知道进退、明白利害得失是一件很模糊的事，一个人的格局大小、心灵宽度等因素都可能导致心理边界的变化。

·自我认识模糊·

《宁静的最远处》里这样写道，做自己喜欢做、擅长做，并能从中学到更多对自己大有帮助的东西，这也不失为是一种对于自我的正确认识。

你清楚地知道自己想做什么，想要什么，这点自我认知乍一看很简单，实际操作起来却很难。你知道坚持该坚持的事会是一种收获，但该放弃的时候也能放弃，这才是一种智慧和领悟。

比如，你非常喜欢做广告设计的工作，但实际上，你目前的职位是行政，你的专业也并非广告设计，于是很多人会劝你放弃进入这个行业，他们会向你分析许多利害得失，类似于年龄不合适，设计会经常熬夜……

即便是意志再坚定，在某一个瞬间也会有想退却的时候，当你啃着生硬的专业书籍，看着枯燥的视频教程，对着一些图片发呆，不知道该怎么处理的时候……你也会怀疑自己，当初做转行的决定是否明智。

我想告诉你，这时候你应该对自己做一个重新认识，评估你转行的需求有多大，你会不会喜欢自己做的这个决定，并且一直朝着目标去努力？如果你对未来充满了惶恐，你想着“要不走一步看一步吧”，那我劝你还是考虑清楚这进退间的度。

你看，说到底，进退的度还是在于自己的信念，没有人比你更懂自己，你也不需要总是把解决方式抛给别人来决定。

·急功近利，过度膨胀·

苏岑的《世上没有人比你更重要》里写道，梦想，不会欺骗任何人。欺骗我们的，是无限膨胀的欲望。争强好胜是天性，不服输的年纪里，每个人都眼高于顶，于是梦想回报你的是一次次鼻青脸肿。梦想与现实较劲的过程中渐渐发现：成熟是摔出来的。

没有人会阻挡你追求梦想的脚步，但在追求的过程中，过于急功近利，急于求成，往往更容易导致失败。

比如，若干年后，你们举办同学会，你看着那些同学或经过努力或本来自身就有优势，一个个都事业有成、生活美满。再看看自己，似乎还只是一个平凡得不能再平凡的人。

你忽然不想再这样平凡下去，你想要光鲜华丽的成功来衬托自己，你迫切需要成就来使自己站稳脚跟。

急于求成的心理让你对缓慢的成长表现出了前所未有的不耐烦，即使你知道你应该夯实基础，才能走得更远，但你发现这并不是适合你现在的状态，你现在只想马上就光彩照人。

经过不懈努力，你终于小有成就，这时你开始自我膨胀，或者说，是自我催眠，周围的人都觉得你很厉害，在短期内居然可以做到如此成绩，连你自己都认为“原来我这么厉害”，你觉得，你可以再向前迈进一大步，似乎也不是什么难题。

而很可能就是这样的心理状态，才导致了后续的尴尬，你的瓶颈期会比预想的来得更快，而这才是让你不知所措的时候。

你看，如果你在夯实基础的时候能够稳扎稳打，一步一个脚印地前进，其实反而会比预想的走得更远更坚定。

其实，人生很多时候都像蜗牛，看似缓慢，最后成功往往会不期而遇。

正像周杰伦《蜗牛》里唱的：“我要一步一步往上爬，在最高点乘着叶片往前飞，任风吹干流过的泪和汗，总有一天我有属于我的天……”

·陷入绝境的死胡同·

《宽容的哲学》里说，学会宽容，就是要学会忍耐。人生的道理艰难曲折，不能承受生命之宽容的人，难以跨过生命的坎，蹚过命运的河。学会宽容，就是要学会放弃。

在遇到挫折的时候，如果因为忍耐的力量不够而愤然反击，无法以包容的心看待；或者在遇到问题时，没有底线地一味迎合他人，很可能就把自己陷入进退两难的死胡同里。

比如，你发现你一直以为关系很好的朋友把你的微信删除了，你一定会陷入莫名的烦躁中，你想破脑袋也没有想明白，你为什么会进了她的“黑名单”。

你思来想去，估摸着就是那一次朋友找你吐槽工作的事，但是你发现明明是朋友处理事情的方式有问题，才导致她和同事的关系紧张。

你认为，作为好朋友，你应该明确地告诉她问题的症结，而不是一味地迎合她，与她“同仇敌忾”。可朋友似乎完全不理解你。

你以为是她需要冷静，所以你给她时间冷静，结果你想再找她如往常般聊天时，却发现与她的对话框里亮起了刺眼的红色感叹号，原来她只是需要你退出她的圈子。

此时你焦躁不安，你很想问明白这其中的缘由，于是你按下了蓝色的“发送朋友验证请求”。可是，你觉得你迈进的这一步会为你们的友情加分吗？

你看，你以为的“我是为你好”在他人的眼里莫名成了“你不懂我”，你以为的“增进感情”也便成了你们友情的尽头。

乔治·奥尼尔说，任何事物都不是十全十美的，一种变化往往要求先退一步，才能再进两步。

不要以为退路是绝路，也不要认为进击一定是成功，很多时候，退路上照样可以收获满满，也许留下的后路才是最大的希望。

知道红线在哪儿

·1·

居翔是俞宁的大学同学兼现在的同事，两人毕业后都留在了杭州，为了省钱，便一起在运河广场附近租了一套单身公寓，两个大男孩开启了大都市的蜗居生活。

之前俞宁介绍我和居翔认识，还准备把他介绍给我，说小伙子节俭持家，性格也好，治我这火暴脾气正好，关键是还做得一手好菜，养我这个吃货正好。把居翔夸了个遍，还美其名曰叫“肥水不流外人田”。

可有一天，俞宁约我一起去健身房，我们并排跑步的时候，他悄悄凑过来跟我说：“哎，我都想搬家了，你知道吗，居翔这人不靠谱。”我有些纳闷，之前还把人家夸得天上有地下无的，怎么就忽然不靠谱了。

俞宁这人向来都有些丢三落四，但他有时候对钱的概念还挺深刻，我们以前还调侃他不学财经金融这类跟钱挂钩的专业，真是有些浪费人才。

前几天回公寓的时候，俞宁发现他放在桌上的钱少了一张 20 元的钞票，他想想可能是居翔买外卖顺手拿去付账了，也许等居翔回来会还给他。可居翔回家后，只字没提。

第二天早上醒来，居翔已经先他一步出门了。

俞宁知道居翔向来有晨跑的习惯，晨跑结束简单梳洗后就出门吃早饭去了。而他自己则都是踩点上班的。可在整理的时候，他发现桌上的钱又少了10块。

难道居翔又拿他的钱买早饭去了？

到了公司之后，俞宁绕着弯问居翔："你昨天买外卖了？"居翔摇摇头，告诉他自己昨天和一起玩游戏的网友见面，在银泰百货顶楼吃的小吃。他又追问道："那早饭吃了吗？"他觉得自己这样问得委婉又带有引导的意味，居翔应该会懂。可居翔说自己今天起晚了，早饭还没买，正准备去楼下小卖部，对桌上的钱依旧只字未提。

虽说也就几十块钱，但不可能无缘无故失踪，公寓里就住了他们两个人，就算是进小偷，也不可能只拿几十块钱吧？

俞宁越想越想不通，他认定了是居翔拿了他的钱。

"不太可能吧，他不像是这样的人啊，没凭没据你可别冤枉了人家居翔。"虽说接触的次数不多，但我感觉居翔不是这样的人。

没过几天，居翔竟然意外给我发了一个消息："我搬出来了，有时间约你吃饭。"

我立刻给俞宁打了电话，还没开口，俞宁就先说了起来："我直接管他要钱了，他一口咬定他没拿，说我冤枉他，甩了我一张五十的，然后就请假回家收拾东西了。哎……"

"啊？你就这么直接问他啦？"俞宁含糊地"嗯"了一声，我只想扶额叹气，"哎，你这人说话怎么这么不知轻重啊？跟你说了没凭没据别乱冤枉人家，你犯着人家底线了啦！”

不承想，晚上俞宁又给我打了个电话：“哎，这事大条了！晚上我回家整理房间，那三十块钱在柜子的角落里，可能是前几天风大，我们窗户一直开着一条缝，给吹到那里去的。”

我训斥他：“让你不知道进退，说话没轻没重的不留余地，这下我看你怎么解决这事。”

俞宁无奈地说道：“还能怎么解决，明天跟他去道歉呗，是哥们儿的不是，哥们儿敢作敢当的。”

平时再好相处的人，都有自己的一条红线。红线是界限，红线以上也许沟通便利，有退守空间；红线以下，切勿轻易触碰。

·2·

平日里一向被称为“狗粮专业户”的哲辉和莹莹是一对小情侣，这次薇薇生日哲辉居然是单独出现的，这点倒是让我们十分意外。

哲辉显然有些不太开心，一晚上的火热气氛也没能把他的情绪调动起来。哲辉正跟我们说着莹莹的事，想让我们给他出谋划策把莹莹哄好，旁边一个男生冷不丁就凑了过来，勾着哲辉的肩膀很义气地说道：“哎呀，兄弟，晚上我们家薇薇姐生日，你就不要愁这些事了，回头哥们儿再给你介绍一个。”哲辉苦笑。

没过几天，薇薇说为了答谢我们为她庆生，准备周末在农庄搞一次户外活动，还准备了许多烧烤等食材。这次哲辉也去了，他依然是一个人。

“你家莹莹这次的气生得有些长啊，怎么了，莹大小姐是吃了火药了吗？”我取笑他。

“也怪我，去接她和她闺密，先接了她闺密，而且她闺密又坐在了副驾驶座，可人家坐都坐了，我也不好意思说什么啊！”哲辉边说边喊冤，“谁能想到，接到莹莹的时候，她一看她闺密坐在副驾驶座，连她闺密的面子都不给，直接就翻脸了。”

哲辉的话引来旁边在烧烤的薇薇，她笑得花枝招展地说：“这醋喝得给力啊！”我们一边夸赞着哲辉好福气啊，女朋友这么在乎他，虽然在乎得有些过头了点儿。

这时走过来一个男生，还是薇薇生日那晚的那哥们儿，后面还跟着两个漂亮的姑娘，搭着哲辉的肩，朝他努了努嘴：“出来玩嘛，就不要有包袱了，我特地叫了我几个朋友，你看着有合适的，我帮你去问问看。”

哲辉瞥了一眼，就委婉地拒绝了他：“我女朋友没来，我和薇薇他们一起玩就行了。你们玩得开心点儿。”

我戳戳他，调侃道：“想不到你小子立场这么坚定啊？莹莹可算没白紧张你啊。”

“那是自然的。”哲辉还一脸自豪，“你看莹莹连她自己的闺密坐副驾驶都能气上一个礼拜，她要是知道我今天出来还跟其他姑娘玩，那不是更完蛋了，说不定会让我抱着榴梿去小黑屋跪上一天一夜，我可受不了。”

“瞧你这出息……”薇薇忍不住也插了一句。

“我可是有家室的人，老婆的红线还是不能轻易碰啊，不然死无葬身之地的可是我自己呢。”虽说两人在冷战阶段，哲辉依旧不忘给我们强塞一顿“狗粮”。

果然，没过几天，哲辉带着莹莹又出现在我们眼前，我们猜测，估计是哲辉拿周末烧烤那件事“邀功”去了，看着莹莹一脸开心甜蜜的样子，不得不感叹哲辉对莹莹的宠溺程度真是令我们一众好友羡慕。

明确双方的情感红线，不虚伪对待，亦能宽容理解，才能保持一如既往的甜蜜、稳定的感情。

·3·

随着新媒体行业竞争日益激烈，新媒体人才也被炒得热了起来。薇薇就是在一家新媒体公司上班，她的公司之前就有这样一个人才。

杨欣算是这家公司的元老级人物了，从只有几个人开始，她就一直在，而且身兼数职，几乎每个领域都能涉猎，也都很快就能上手。老板也格外看重她，委以重任，公司里很多的新手都是由杨欣教导出师的。

随着杨欣在这个行业里的名声积累，猎头公司也随之活跃了起来，很多新组建的新媒体公司都想挖到杨欣这个人才。

杨欣曾当着薇薇的面郑重说道：“老板对我有知遇之恩，我不会走的，何况现在我们公司的业务也是蒸蒸日上。”薇薇当时还特别佩服杨欣。

照例每周六下午都会聚集在一起开例会，用意是总结上一周的经验，分析上一周的不足，顺便讨论下一周的工作。每月的月底还会盘点本月的要务，制订下个月的工作计划。

月底的例会上，杨欣在研究了最新的榜单和热搜话题后，凭着自己敏锐的“嗅觉”，很快便敲定了下周主题，并制订出了初步的下月计划。

让薇薇感到意外的是，经过周日的休息后，周一一早上班便得知杨欣现在在老板办公室递辞职报告，同事们议论纷纷，猜测大概是有哪家公司抛出了诱人的橄榄枝，才动摇了杨欣的忠诚。

杨欣辞职的风波大概刮了两天，也正好是月末，于是在周三，杨欣带着自己的物品向同事们道别，薇薇和同事都表示不舍得杨欣走，她却走得很坚决。

尽管杨欣辞职了，但她制订的工作计划却还在，老板亲自来督办下个月的工作，公司的业务依旧有条不紊地展开。

没过几天，有一天老板在办公室里忽然脾气暴躁地训斥了前去汇报工作的原创部张主管：“这么重要的资料，你为什么没有保管好？！”张主管唯唯诺诺，没有应答。

吃午饭的时候，张主管和薇薇他们抱怨：“想不到杨欣是这样的人，辞职了居然把我们要发布的原创文章都带走了，而且提前在她的新公司发布了出来。”

薇薇疑惑：“可是主管，老板是怎么知道的呢？网络这么大，洗稿的情况也不是没有啊？”

张主管边掏出手机给同事们看一篇文章，边问：“你们看这篇文章有什么问题？”

一个同事喊道：“这不是我上个月提交给杨欣审核的吗？我记得排的档期是今天啊，你们看，我都有标记的。”说着，也拿出手机给我们看他的备忘录，上面分明写着哪天发布哪篇的排列顺序，“主管，是这篇文章有什么问题吗？”

“这篇文章没有问题，但我们今天发布标记原创之后，被很多用户举报了，说我们是盗用了其他平台的文章，还不知羞耻地打原创标。”张主管解释，“老板动用了很多关系，才查到的对方平台，结果责编你们知道是谁吗？”

“不会是杨欣吧？”同事问道。

张主管一拍大腿，气愤地说：“就是她！”

后来听薇薇说，他们老板和对方平台交接了很久处理这件事，生怕这一个月里这样的事情会层出不穷，杨欣背叛了原公司的不道德行为也在私底下不胫而走。

薇薇感叹：“哎，人家哲辉都知道老婆的红线不能轻易碰，杨欣却连行业的红线都能随意触碰，也是活该被封杀了。”

能力之上是道德，升迁跳槽再平常不过，但凡事都要知进退留余地，切记不要因为利益去触碰红线，因此赌上自己的名誉和地位，得不偿失。

退一步海阔天空，也可能是悬崖

·1·

和哲辉莹莹的感情南辕北辙的是另一对“狗粮情侣”伍斌和他的女朋友冉冉。

伍斌跟我的脾气差不多，点火就着，但对冉冉却意外地有耐心，几乎什么事都会让着冉冉。伍斌说：“女朋友不就是用来宠、用来疼的吗？”

对于这个论调，哲辉也表示很赞同。

但说起伍斌这个女朋友冉冉，也着实让我们汗颜，冉大小姐不是一般地作，哲辉取笑伍斌：“兄弟，你家冉冉的脾气，大概也就只有你吃得消，反正我是吃不消的。”

有一天，我们在吃烧烤摊吃夜宵，在朋友圈晒了一张图，原本想着深夜放“毒”，没想到引来了垂头丧气的伍斌。

看伍斌的脸色不太好，他一坐下，我便问道：“怎么了？和你家公主吵架啦？”

伍斌大口喝了一口啤酒，说道：“每次吵架，不管是谁的错，都是我让她，最后都是我去和她道歉，这样的感情要是持续下去，说实话，兄弟我也觉得蛮累的。”

听完伍斌的讲述，我们才知道事情的经过。

冉冉的朋友从香港旅行回来，买了不少的东西，冉冉看着眼馋，也想去香港。原本伍斌是支持冉冉去玩一圈的，反正女朋友喜欢嘛，去就去吧。

冉冉试探性地跟伍斌说："亲爱的，去香港挺贵的呢。"就这么一句话，伍斌隔天便从积蓄里拿了两万给她。

伍斌原本是好意，也希望冉冉能玩得尽兴，没想到冉冉看到两万块钱却反而不开心了起来："你哪来的钱，你是不是偷偷藏了私房钱？"

伍斌解释这些钱是平时攒下来的，以后结婚也要用的。我们听着都觉得合情合理，冉冉本来就会花钱，光 TF 的口红都快收集齐全"召唤神龙"了，要是每个月把工资如数交到她手里，恐怕他们以后就要裸婚了。

但冉冉不是这样想，她完全听不得伍斌的解释，一口咬定伍斌是藏私，一路把问题上升到不坦诚，最后演变成了"是不是外面养了小三"。任凭伍斌怎么解释，她就是不信，搞得伍斌头痛欲裂。

伍斌说："早知道会这样，我还不如不给她呢。"

辣椒轻笑了一声："不是说女朋友是用来宠、用来疼的吗？"

伍斌瞪着辣椒，没顶嘴，他怕被辣椒呛得更惨。

"那你打算怎么办？回去继续哄着？"我问他。

"说实话，我是真累了，每次都是我哄她，关键是这件事也不至于就这样结束，你知道吗？"伍斌无奈地摇摇头，"等下次要是有关于去旅行啊或者拿钱啊之类的事，她又会把这件事翻出来说一遍的，好像我真的干了什么见不得人的事一样。”

“兄弟，退一步海阔天空啊。毕竟是女朋友嘛，哄哄就好了。”哲辉劝他考虑仔细。

“也可能是悬崖啊。何况我这原本就是打算存着结婚用的，以后不也是她的钱嘛，她倒好，平时作也就算了，一次比一次夸张，兄弟我太累了，算了。这以后日子还长着呢，没必要天天让自己站悬崖边喝西北风啊。”伍斌像下了决心一样，这回却意外地坚定。

进退有度是原则，感情里亦是如此，凡事过犹不及，你谦我让共同朝着未来迈进。一味地总是一方退让，退到无路可退，感情也便就此终结了。

·2·

薇薇刚进新媒体公司的时候，就是杨欣带着她学习。她从一个新媒体小白进阶到现在的主管，很多人都说是薇薇运气好，如果没有杨欣的离职，也许薇薇还不能升得那么快。

薇薇对此不多解释，但只有我知道她在这家公司的诸多坎坷经历。

薇薇是理科生，但从小我们就一起结伴写文章，从最初的QQ空间发展到新浪博客等，那时候我们互相鼓励和打气，经常都会拼字数，这似乎成了我们写文章的其中一个动力。

有段时间，薇薇待业在家，逛网页的时候无意间接触到了“新媒体”这几个字眼，这成了她人生的一个转机。

她一边自学基础知识，一边在网上搜索关于新媒体的工作，她说:“有工作的氛围，学习会更快。”后来她就进了现在这家公司，她的第一个“师傅”就是杨欣。

薇薇说：“杨欣真的教会了我很多东西，不仅给我学习资料，更是手把手教会我快速进入这个领域。”她以前每次说起杨欣，都十分崇拜。

薇薇对杨欣认知的改变还得从竞选宣传部助理这件事说起。

宣传部需要征集几名助理，因为宣传部的人员相对较少，同事们私底下议论都想去宣传部崭露头角，因为人员少，大家猜测晋升的概率会高不少。

薇薇也想去试试，可杨欣却反对她去宣传部，理由是薇薇不合适，她还是跟着自己做策划比较好。薇薇挺开心的，觉得杨欣很器重她。

后来有一次宣传部一个同事喝多了，说漏了嘴，薇薇才知道，原本宣传部主管在竞选前就已经向杨欣要过薇薇，希望薇薇来宣传部，被杨欣以“薇薇自己不愿意去”拒绝了。

当时薇薇一脸蒙，自己什么时候说过“不愿意去”这样的话？难怪自己说要去竞选宣传部，杨欣不鼓励她去，她要是去参加竞选，不就打了杨欣的脸吗？

薇薇从进公司开始就进步神速，很多主管都很青睐她。虽然杨欣功不可没，但薇薇自己也非常努力。

她报了好几个新媒体班，除了上班时间跟着杨欣学习，几乎把所有下班的时间都用在了学习上，笔记写了密密麻麻的两大本铁塔笔记本，我每次翻她的笔记，都害怕自己密集恐惧症发作。

所以，薇薇十分不理解杨欣的阻止，难道是想把她培养成策划部的接班人吗？

但策划部副主编却是一位“空降兵”，听说是杨欣的同学，生完孩子想重新工作，便央求杨欣给她介绍工作，杨欣就索性把她带到了她的策划部，而且一来就给了副主编的头衔。

“云之，你知道吗，说是副主编，却什么都不会，她的活几乎都是我在做。我都不明白，老板怎么会同意的！”薇薇对此略有微词，“我感觉我在策划部熬不出头了。”

直到杨欣跳槽，那位副主编也随之离职，他们策划部才算是大换血。

薇薇对这次换血异常期待，摩拳擦掌地说：“上次没有坚持去宣传部，这次我不会退了，人家都说退一步海阔天空，我这回要进一步，也许才能海阔天空呢！”

沉淀努力、厚积薄发时，不需要退让，只需要坚持朝着自己的奋斗目标勇往直前，才可能换来真正的海阔天空。

·3·

舒涵的奶奶住院了，家里亲戚为了方便照顾奶奶，给奶奶请了一个看护李阿姨。

舒涵几乎每天都会去看望奶奶，也逐渐和李阿姨熟络了起来。舒涵跟我们说，李阿姨人挺好的，对奶奶照顾也细心，就是有些闲不住，奶奶睡觉的时间就爱跟隔壁病床的看护阿姨聊天。

我在门诊部配药的时候，正好碰到了准备离开的舒涵，顺路搭了他的车回家，路上说起了李阿姨，却见他有些不开心。

前几天，舒涵的表叔、表婶来看望奶奶，送来了六个特别高级的澳洲进口脐橙，光鲜多汁个头大，听舒涵的描述，让人垂涎欲滴。

傍晚，舒涵的姑姑来给奶奶送饭，发现脐橙只剩下两个，姑姑心想着，奶奶平时就不爱吃水果，即使这脐橙再好吃，也不至于一下午就吃了四个吧？

姑姑问奶奶："妈，表弟他们送来的这橙子好吃吗？"奶奶一脸迷糊地说自己没有吃。

舒涵的奶奶有些老年痴呆症，时而清醒时而昏沉，记忆力也是时好时坏。所以姑姑也只是揣着明白装糊涂，没有再继续把这个话题说下去。

姑姑在回家路上，遇到了婶婶，便说起了这事。婶婶便一口咬定是李阿姨偷吃了奶奶的脐橙，第二天一大早就来找李阿姨兴师问罪。

面对婶婶的质疑，李阿姨说自己绝对没有偷吃奶奶的脐橙，说是剥了皮喂奶奶吃下了。婶婶不信，等舒涵载着姑姑来的时候，就看到两人在窗边争论，但这事谁都说不清楚。

听明白了事情的经过，舒涵和姑姑赶忙劝架，舒涵拉着李阿姨走到楼道，好声好气地对李阿姨说："李阿姨您消消气，婶婶也不是那个意思，你们一人少说一句，各退一步吧。"

没想到平时好说话的李阿姨，此时却特别"固执"，她说："小涵，不是阿姨不肯退，而是这事不能退，退一步，就变成坐实了阿姨的偷吃行为了。"看着舒涵似懂非懂，她又接着解释，"你们可能等奶奶好了就出院了，可阿姨要在医院一直做下去的呀，隔壁几个看护阿姨也都在，如果阿姨软弱一点退一步，万一隔壁几个阿姨把这事传了出去，你也不知道会传成什么样子吧？”

舒涵思考了一阵子，迟疑地点点头，他知道李阿姨说得也有道理，以讹传讹的事，谁也无法想象会被描绘成什么样，不论李阿姨吃没吃脐橙，到最后可能都会被说成偷吃了主人家的东西。

这是关乎声誉的一场“战争”！

“阿姨不是不讲理的人，你受过高等教育，应该懂阿姨的意思吧？”李阿姨又补充了一句，“但这件事我没有做，就绝不能退让。”

“那后来呢？”在车上，我问舒涵，“这件事问清楚了吗？”

舒涵摇摇头，他没有说脐橙的下落到底是什么，他只是说李阿姨第二天就跟姑姑他们提出来结算清楚薪资，让他们换一个阿姨，疑心病太重，她吃不消给这样的家庭服务。

但显然，李阿姨给舒涵倒是留下了深刻的印象。

面对诽谤和诋毁，须知这是关乎名声的事，说话知轻重，更应该为真理而据理力争。此时的退让，才会让人面临悬崖，无路可退。

保持距离感

·1·

许丹瑶刚换了新工作，拿着试用期工资就说要请我喝星巴克咖啡。刚坐下，就开始滔滔不绝地跟我说起她的新工作。我问她：“新公司怎么样？同事还好相处吗？”

许丹瑶从小就觉得自己运气一直都很不错，身边的朋友向来都对她很好，也没有遇到过什么坏人坏事……她捧着热咖啡，一脸幸福的表情，顺便说起了她的新晋闺密兼同事翠翠。

许丹瑶刚进公司的时候，安排的工位就在翠翠的隔壁。刚坐下，工位玻璃就发出声响，她一抬头，就看到一张青春洋溢的脸，原来是翠翠在用笔敲打着玻璃跟她打招呼：“你好，我叫翠翠。”翠翠的热情一下子就感染了许丹瑶。

到了中午，翠翠怕许丹瑶找不到食堂的路，便叫上她一起去食堂吃午饭，楼梯里看到饿了么的外卖送货员，翠翠突发奇想地提议：“今天你第一天上班，不如我们去附近的小吃馆撮一顿吧，算庆祝你的到来啊。”

许丹瑶和翠翠的年龄也相仿，两人很快就成了无话不谈的好朋友，周末更是黏着一起逛街、健身、看电影。

翠翠有一天早上迟到了，被主管叫进了办公室，出来的时候眼睛红红的。许丹瑶一见到翠翠回到了工位，就在QQ上呼叫她：“怎么了？主管批评得很凶吗？”翠翠没有回话，一早上都趴在桌子上。

午休的时候，她们在写字楼附近的空地散步，翠翠才愤愤地开始吐槽：“她自己心情不好，拿我迟到的小事出气，算个什么事儿？！”

许丹瑶有些疑惑：“你怎么知道她心情不好？”

翠翠巡视了一圈周围，没有熟悉的同事，才和许丹瑶说：“她家住在我家隔壁的小区啦，我那天下班回家，路过她家小区门口的时候，看到她老公把她的行李箱给……”翠翠又放低了声音，“给丢出来啦！”

“这么严重啊！”许丹瑶哗然，“可是那跟你迟到有什么关系嘛，她看到你了？”

“也怪我傻啦，我真的要被自己蠢哭了。”翠翠拍拍额头，叹气，“我还停下车了呢，还问了她要不要帮她送到哪儿去。你知道，我并不是想嘲笑她啊，我就是想着帮帮她也是应该的嘛，怎么说在工作中她也是我们领导啊。”

“嗯……”许丹瑶想了想，表示赞成，转念又说，“不过要是我的话，我可能就假装没看到啦。”

“为什么？”这回换翠翠疑惑了。

“你想啊，你看到的是多丢人的事啊，你是同事兼下属的身份，还主动跟她打招呼，这不是让她超级没面子吗？”看着翠翠还是有些不太了解自己的意思，许丹瑶又补充道，“她肯定不会搭你的车去某个地方的啊，这不是就等于告诉你自己的事了嘛。这种事情啊，我觉得还是要保持一点距离感会比较好，这个和我们同事间平时相处，还有我刚来的时候你的招待可区别大着呢。”

翠翠一副恍然大悟的样子：“你说得好像也有道理哟。”

“可不是，要知道，热情也是要用对地方的呀。这种时候可不能求表现热情激进呢，当个隐形人最好，她可能还会觉得你识大体也说不定。但现在……你看她连迟到都找你麻烦，我猜她可能觉得你当时是去嘲笑她的。”

“我真没有啊！”翠翠头摇得跟拨浪鼓似的，可为时已晚。

面对他人的尴尬事，过分亲昵反而成了关系的绊脚石。适时保持距离感，是对他人的一种尊重，也是对自己的一种保护。

·2·

翁默在朋友圈发了一条状态：知人知面不知心。状态下是一大排点赞。翁默又回复了一句：“说的就是你。”

很多朋友不知道是对谁说的，但大家都知道他即使不是回复别人，也一定是想给某一个特定的人看的。而他想给特定看的那个人，我想应该就是君君了。

君君是翁默在同事聚会时认识的，当时的君君是他同事的室友，忘了家里的钥匙，特地赶到聚会现场来拿钥匙。翁默对君君有些许一见钟情的心动，于是厚着脸皮向同事要了联系方式。

翁默记得，同事当时还调侃他：“你想追君君，可得想好了啊，合适了再追，别说我没提醒你啊。”搞得翁默当时挺纳闷，这算是支持啊还是反对呢？

翁默起初也不敢表现得太突兀，有一句没一句地闲聊。君君的态度也是不咸不淡。可某天早上醒来的时候，君君对他忽然有了突飞猛进的变化，让翁默有些措手不及。

君君给翁默留言："亲亲，晚上有时间吗？认识这么久，你都没请我吃过饭呢。"

翁默莫名觉得有些过于亲昵，反而感到不自在。我嘲笑他："这不正好，美女自动送上门，你还推啊？你不是也挺喜欢她的吗？"

翁默说："那不一样，之前一直冷冷清清的一个人，忽然转了性子，我有些不适应啊。"

他们约了时间、地点，翁默一下班就马不停蹄地赶了过去，没想到还是晚了君君一步，桌上的茶都已经有些凉了。他直说抱歉，君君却不在意，说她已经点了菜，只等他来了就可以上菜了。

君君一改之前的高冷形象，整个晚饭几乎都是她的舞台，讲她的同事、同学，讲她的经历，翁默就一直默默听着，看得出来翁默似乎都不感兴趣，她便说起了她的室友，也就是翁默的同事。

翁默听了半天，总算听出了个大概。

君君跳槽后，原本住的宿舍距离公司比较远，她就想着搬到离公司近一点儿的地方去，但眼看着这个月的房租又要交了，她和室友便有意无意说起了这个顾虑，室友也很通情达理，就说这个月的不用交了，万一这几天要搬走呢，而且室友也答应帮忙同事或朋友问问，有没有合适的房子。

翁默就住在那边附近，室友说："我明天先问问翁默，让他帮忙看看他们小区附近有没有合适的。"没想到君君居然自己就先找上了翁默。

听完君君说的事，翁默说道：“这件事今天一上班我同事就和我说了，我已经答应她会帮你看看的。你等我消息就好了，不用特地找我吃饭的呢。”翁默似乎感觉君君是有目的地接近他，他的热情也逐渐转淡。

君君还没有体会到翁默的情绪变化，继续热情地说:“不不不，你误会了，我找你吃饭不是为了感谢你帮我找宿舍的，我是想问你，你的房子有合租吗？我可以跟你合租啊。”

翁默一愣：“孤男寡女合租，不太好吧？”

这时君君脸一红，说道：“那不是听室友说你对我……”她假装咳嗽了一下，“不如我做你女朋友吧，这样就没关系啦。”

翁默果断拒绝了君君的提议，尴尬地说只当她是开玩笑，便匆匆结束，埋单后就直接送君君到公交车站台等车。之后不论君君多热情地跟他聊天，都回应得很冷淡。

“你不是对她挺有好感吗，那不正好？”我调侃翁默。

翁默回复我：“别开玩笑了，她的目的性太强了，我还是保持距离，敬而远之的好。”

太过刻意而带有目的地交友，不值得被珍视和认真对待，保持适当的距离感，远离虚伪的友情。

·3·

易卉对阿禾最近的表现很不满意，上班的时候没有时间陪她聊天，她说她理解，工作忙嘛，应该的。可下了班本想着一起看电影、吃饭，阿禾却还是要加班，而且每天都加班到很晚。于是，易卉觉得阿禾的行动有些反常，甚至怀疑他可能出轨。

趁着阿禾说加班，自己又下班早，易卉特地去阿禾的公司找他，当然，为了表现得自然点不刻意，她还特地带了外卖。

看到易卉出现在公司门口，阿禾受宠若惊："你怎么来了？我和你说了我会点外卖的。"

易卉看阿禾确实在公司，虽然办公室一起加班的有男有女，但大家都低着头做自己的事，易卉也找不到疑点，放下外卖就匆匆走了。

等阿禾回到家，已经快凌晨了。

连日来为了项目进度加班加点，感觉自己异常疲惫，匆匆洗了个热水澡就准备睡觉了，却发现微信的界面有问题。朋友圈的"发现"明明是有红色的数字，等他洗完澡回来，却不见了。

原本阿禾可能并不容易发现这个问题，但今天赶巧他上班的时候，在路上给朋友圈评论了几条状态，朋友们也都有回复他，他正想看的时候，地铁到站了，匆忙把手机放进口袋里，在路边摊买了早饭，边跑边吃，到了公司就直接开启了忙碌的状态，根本就没有顾着点开朋友圈的回复。

"你刚才打开我手机了？"阿禾向易卉求证。

"是啊，我就打开看了看，没有动其他的东西哟。"易卉一脸无辜地解释。

"那你为什么要打开呢？你想看什么？"阿禾有些微怒，这种感觉让他非常不舒服。

没想到易卉却先发怒了："我就看看怎么了？你有什么见不得人的事不准我看啊？"

"这是我的隐私！隐私，你知道吗？是我的私人空间！"阿禾也怒了。

“我是你女朋友，你要什么私人空间啊，你的空间不就是我和你吗？”易卉更怒。

“就算是我们已经结婚，我也应该有我的私人空间，你就不应该没经过我同意动我的手机！”阿禾说完就出了门，留下易卉在家“反省”。

阿禾问我们：“你们怎么看待男朋友随意翻你们手机这个行为？”一石激起千层浪，这个敏感的话题立刻引起了我们的热议。

在我们看来，即使是男女朋友乃至夫妻，也应该给彼此保有自己的空间，翻手机和偷看日记的行为其实是异曲同工的，虽说是亲密无间的爱人，也应该保持适当的距离感，不都说“小别胜新婚”吗？

瞿文赞同：“反正我是不会去翻男朋友手机的，这不明摆着不信任嘛，那连谈下去的必要都没有了吧？”

糖糖则表示:“其实也可能是关心呢？我虽然也不会去随意看，但我觉得这个情节也不至于阿文说得这么严重啦。”看我们都听得专注，糖糖又补充，“不过，保持距离感我是赞同的，太亲密了过犹不及啊。”

阿禾对于我们的热议结果非常满意，连连点头说：“就是嘛，掐得太紧了可能反而适得其反，对吧？”

我们没有问阿禾回家后的后续，不过后来听他说，易卉经过那次吵架之后，改正了很多，现在已经不会随意翻他的手机了。

情侣之间也需要保持适当的距离，且并不会因此而冷淡了彼此的感情，相反会因为得到了应有的尊重而更珍惜这份来之不易的感情。

知道进退，减少不必要的尴尬

·1·

说起虞锦脱单的故事，虽然只有我们少数几个闺密知道，但只要一有机会，我们便会忍不住想取笑她男友是拐来的“便宜男友”。

有次，虞锦跟着他们老板去参加一个商务酒会。酒过三巡，她站在楼道吹风，迎面走来一个年轻人，西装革履，她一眼就认出这是某房产公司的总经理助理薛洋。

见她一个人站在那儿，薛洋便走过来打招呼：“虞小姐，你怎么一个人在这儿？身体不舒服吗？”虞锦摆摆手，连声说“没事”，她略带冷淡的反应让薛洋有些尴尬，关心的话也随之咽了回去。

等虞锦再回到酒会时，进门大老远便看到秦晓慧不顾形象地朝她招手。没想到秦晓慧却是主动和虞锦说起了薛洋：“刚才看你们在聊天，你和他认识吗？”虞锦不明所以，但确实和薛洋不熟，便诚实地摇摇头。

原本以为秦晓慧会因此而失落，却不曾想秦晓慧听闻和薛洋不熟，竟然意外地松了一口气。这下虞锦更懵了。秦晓慧立刻就帮她解开了疑惑："你帮我去要一下他的联系方式好吗？微信之类的。"

虞锦听闻要联系方式，还想着办公室或许会有，却听到"微信之类"时有种无力感，心想着，你不会自己去要吗？秦晓慧撒娇地摇了摇虞锦的手臂。

虞锦平时最受不了这种娇滴滴的撒娇姿势，吓得连忙应承着"现在就去"逃似的就朝薛洋的方向走去。

虞锦一边观察着薛洋，一边纳闷，以前自己也帮秦晓慧介绍过对象，这姑娘眼高于顶，这次怎么会屈尊纡贵主动要他的联系方式了。

原因倒是没观察出来，却发现薛洋的衣服扣子上下扣歪了，很显然，正在和薛洋说话的人也注意到了这点，一直有意无意地瞟一眼薛洋的纽扣。

回忆起那段时，虞锦后来跟我说，也不知道自己是着了什么魔，感觉自己那时候完全智商不在线。

虞锦想不出其他办法去提醒薛洋，要是贸然把他拉走，或许会引起其他人的不适，便过去说："打扰一下。"看到薛洋和对方都迷茫地看着自己，虞锦深呼吸之后说，"我想跟我男朋友说几句话，不知方不方便？"

对方尴尬地没有多问，说着"请便"便暂时离开了，留下薛洋饶有趣味地看着虞锦。

虞锦翻了个白眼，尴尬地说："没别的意思，有两件事想和你沟通下。一是有姑娘托我来要你的联系方式。"说着，低调地指了指不远处的秦晓慧，就看到秦晓慧脸红着点点头，"二是……

你的衣服扣子……”

“我的衣服扣子……”自动忽略了前半句，薛洋低头一看自己的衣服，恍然，“噢！谢谢提醒，我离开一会儿，请稍等我一下。”说着便从侧门离开。

等薛洋再回到酒会时，已经整装完毕，但此时的虞锦已经离开了，虞锦原来的位置站着秦晓慧，就听到秦晓慧热情地说：“小锦走了，她说你让我在这儿等你。”

没想到第二天，虞锦居然收到了薛洋的信息：“把你的‘男朋友’丢在原地给其他女生不合适吧？”

后来他们交往之后，虞锦问起薛洋什么时候喜欢她的，薛洋说，其实一开始就对她有好感，后来她又提醒他的扣子，虽然过程奇特了点儿，但却也侧面反映了她进退得体的品质，让他避免了很多尴尬，对她的印象更好了，所以他毅然拒绝了秦晓慧，选择来追他这个“名誉女友”。

公开场合遇到问题，善意的提醒能减少许多不必要的尴尬，不仅帮助了别人，也能在进退得体间提升印象，获得他人更多的欣赏和青睐。

·2·

夸赞起虞锦的进退得体，薛洋说他公司有一个同事就比较让人头疼了。

因为合同的不严谨，使得薛洋的上司吴总恼羞成怒，正愁着怎么和客户沟通修改合同的事。

吴总把合同丢在综合部魏主任眼前，大吼：“你们综合部是怎么拟定合同的？！盖章之前都不做合同审定的吗？”

魏主任委屈地说道：“吴总，这个合同一向是由项目负责人来拟定的，不是我们综合部的活儿。”

吴总本来心情就不好，魏主任这么一解释，他更火大了：“那是不是以后合同章要给他们项目负责人人手发一个？”

魏主任赶忙解释：“不不不，我不是这个意思！”

吴总没好气地斜睨了一眼，说道：“上次开会就提出过合同审核的事，本来我们的项目金额就比较大，所以对于合同的严谨问题应该更加重视……”

吴总的说教还没结束，魏主任在一旁连连点头称是，吴总的办公室门却突然被敲响。

在一旁的薛洋迅速翻了一下日程本，奇怪，今天没有来访客人啊，同事们都大老远避着尽量不靠近，是哪个不知死活的家伙想来撞枪口？

综合部的小忻抱着一沓资料，从门后面颤颤巍巍地探出了脑袋，看着办公室内火药味十足，尴尬地朝着魏主任摇摇手，说道：“主任，主任，来帮我签个字！”

看着此时吴总的脸色比刚才更难看了，魏主任更尴尬：“等下来签。”

小忻不放弃，又继续张望着说：“主任，加急。”魏主任赶忙对吴总直说“不好意思”，便退出了办公室。

魏主任刚离开，吴总便开口问薛洋：“刚才那个是谁？”

薛洋想了想，小忻是综合部前阵子刚招进来的实习生，应聘的时候就说好是先实习，实习结束也正好是她毕业的节点，小忻当时也想着把实习和毕业衔接起来，这样就顺带解决了自己的就业问题。

听完薛洋的汇报，吴总大手一批，轻描淡写地说："实习期结束就和她解聘。"这下薛洋更蒙了，这就……辞退了？吴总难得帮薛洋答疑，"这姑娘太不知进退了，我们里面在说这么重要的事，她不仅来打扰我们，还把魏主任拉走了，不知道她到底是出于什么想法，但这样不懂进退的人我们公司不需要。"

薛洋跟我们感叹："唉，这姑娘算是倒霉了。"

虞锦却不这么认为："也不算倒霉，这不是她自己撞上去的吗？本来就没她的事，凡事总有个先来后到、先主后次吧？她想化解尴尬解救主任，人家吴总可不买她这个账，她呀，是太自命不凡啦。"

后来听薛洋说，小忻又闹过几次这样的乌龙事件，让吴总特别恼怒，没等实习期满就让她另谋出路了，连实习档案都没有给她盖章。薛洋模仿吴总的语调说："没法下手写实习评语啊，这姑娘太不识大体了。"

初入职场避讳急功近利，适当地放慢脚步和节奏，进退有度，既减少了不必要的尴尬，也能更好地为职场引路。

· 3 ·

曲沐读艺术系，大一有一阵子，我和她经常结伴一起去食堂吃饭，所以我知道，机械系有一个叫阿晋的男生在追她。

曲沐悄悄告诉过我，她不太喜欢阿晋这种性格的男生，太黏人，她能预想到，要是接受了阿晋的追求，自己这大学自由自在的生活算是要到头了，而且她毕业以后是要回老家的，不可能会留在杭州，而阿晋曾说他要在杭州安家落户。我猜这大概是她拒绝他最大的理由。

尽管曲沐用各种理由拒绝阿晋，但他似乎没有想放弃的迹象，依然每天找各种机会和我们偶遇，缠着曲沐送这礼物送那零食的。

时间久了，曲沐反而有些心生厌恶："我都拒绝了好几次了，还每天出现，好烦啊，难道要我找一个男朋友，他才肯消停啊？"

我始终认为，感情的事勉强不得，阿晋确实有些太激进了，反而适得其反。但曲沐的"馊主意"也不是万全之策，除非遇到了自己喜欢的人，否则仅仅只是为了逃避一个追求者而退而求其次，没必要去牺牲自己的感情。

因为曲沐的情绪影响，我对阿晋的印象也不是特别好。令我们意外的是，有天偶遇，阿晋的身边多了一个男生，我跟曲沐开玩笑地说："那小子不会被你打击得连取向都变了吧？"曲沐拿"神经病"的眼神看我。

让我们都意外的是，阿晋带来的男生居然是曲沐的高中同学苏毅，看着曲沐和苏毅都露出难以置信的表情，很显然他们并不知道彼此在同一所大学就读，而且寝室也只隔了我们系一幢楼而已。

自从和苏毅联系上之后，曲沐变得忙碌了起来，整天捧着手机在傻笑，就连 QQ 状态都开始半夜更新，而且一句比一句甜腻。

见她又笑靥灿烂，我问她："你是不是恋爱了啊？如实招来，是谁是谁？"

"说什么哪，八字还没一撇呢！"曲沐头一次露出害羞的表情。

“难道是……”我试探性地猜测，“苏毅？”曲沐的眼神告诉我，我猜对了。可苏毅和阿晋的关系这么铁，明知道阿晋喜欢曲沐，苏毅这是要横刀夺爱吗？曲沐这才告诉我实情。

阿晋在得知曲沐毕业以后会回到自己老家，其实一直都非常纠结，但难得有喜欢的女生又不想轻易放弃，于是总是时不时地出现在曲沐眼前。可曲沐一直对自己没什么特殊的感觉，他也曾想着就此放弃。

和同寝室的好哥们儿苏毅聊起心仪的姑娘曲沐，苏毅想起来自己有个高中同学好像也叫这个名字，向阿晋求证，阿晋便把苏毅一起带了过来，没想到还真的是自己的高中同学。

“所以……”我开玩笑地说，“阿晋是演了一回伟大，把最喜欢的女生交给了好哥们儿，自己选择退出了？”末了我又补充道，“他什么时候这么乖巧识大体了，忍不住想给他点个赞！”

曲沐没有正面回答我，只是笑眯眯地说还是苏毅比较符合她的择偶标准，而且最主要是两个人是老乡，以后也可以一起回老家发展，不用担心“毕业了我们一起失恋”。

不必为无效的情感浪费多余的时间，得体地退出是对彼此最大的爱护和尊重。

不懂进退的心软，得这样治

若是你无力把握住前进的方向，又恐贸然地激进会动摇原本辛苦建立的基础，那你不妨暂时把自己停留在对方的红线以外，不轻易触碰红线也是对自己的一种保护。

若是明知道事态的发展会关乎自己的名誉、地位，乃至影响人生中很长一段时间，那么即使不竭力辩解或争取，至少坚定自己的内心，此时的退一步并不会为你带来荣耀和美好。

若是你以为你和朋友的关系够铁瓷，因此而恣意妄为，结果反而可能造成你们的友情陷入了尴尬的境地，那你不妨和朋友保持一段神秘的距离，适当的距离感也许会帮你度过这艰难的考验期。

若是你能在尴尬的处境中适时地进退有度，不仅不会让对方觉得尴尬，还可能让自己有所成长和收获，为自己带来意外的惊喜。

说了这么多，你却仍然不知道怎么去适时地进退，那么，我就来具体解释一下。

·控制追求的脚步·

你会为了缩短自己与梦想的距离而践踏自己或他人的红线

吗？你会因利益驱使去触碰红线而因此赌上自己的名誉和地位吗？

我想，大部分人都会对此持否定的态度。即便是没有人会刻意去遏制自己追求华丽光鲜的物质的那颗心，但我们却可以克制乃至控制自己激进的欲望。

比如杨欣，她其实是一个非常有能力的人，以她的能力，即使她并非经过猎头公司的渠道而跳槽到了一个新公司，她也能在新公司中很快就站稳脚跟。

薇薇说，这对于杨欣其实不是一件难事，新公司看重的本来就是她的能力。

但杨欣偏偏舍弃了自身的优势，为了能迅速地提升自己在新公司的地位而去触碰道德的红线，不惜代价地满足自己的贪婪。

激进的追求也许能带来短暂的荣耀，但既然是触碰了红线，杨欣就应该为此承担自己应负的责任和代价。

欲望过度膨胀，势必会导致急功近利的结果。

如果杨欣能善加利用优势，在进入新公司之后依然能够稳健地对自己进行合理的规划，带动新公司的健康稳定发展，她不仅能够得到更多的赏识，且在行业中的名声和地位也会蒸蒸日上，为自己带来更多的发展机遇和前景。

·把握进退的节奏·

你会为了男 / 女朋友不顺从你的意愿而咄咄逼人吗？你会为了无凭无据的怀疑而莫名地指责对方对自己的不坦诚吗？你会因为自己的心软而选择一直忍让着对方吗？

我想，大部分情侣都希望自己的感情幸福美满，而不是整日浪费精力在争吵中，这不仅会使双方都感到疲惫，更容易伤害到彼此原本浓烈的情感。

比如伍斌和冉冉，伍斌本着“女朋友是用来宠和疼爱”的原则而一直惯着、让着冉冉，却因此导致冉冉在感情中的肆无忌惮。

为了让冉冉的“豪华香港游”能尽兴，伍斌主动拿出攒着结婚用的私房钱，他以为这样能增进他们的感情，也许还幻想着冉冉能心花怒放地夸赞自己，加快他们步入婚姻的节奏，却反而引起了她的误解。

爱和好意引来冷漠的怀疑，伍斌终于开始直视自己在感情中的卑微和疲惫。

大凡美好的感情，不会总是单方面的退让，偶尔你退，偶尔他/她让，张弛有序，进退有度，才能让彼此在感情里最大限度地保留真实的自己，且因此而爱着真实的对方。

而冉冉正是犯了这个错误，她总是一味地向伍斌索取感情和需求，浑然不觉伍斌的情感疲劳。

如果冉冉能体恤伍斌的付出，哪怕仅仅只是偶尔报以温柔的回报，最后恐怕也不会迎来感情的终结。

·审时度势的取舍·

你善于观察事态的发展并准确地给出分析处理方法吗？你会依据形势的利害做出必要的进退取舍吗？

不论是为人处世，还是求职为学，都与观察息息相关。

比如翠翠，她便是很典型的缺乏审时度势的一类人。

其实原本翠翠的热情是她的性格优势之一，这样的同事往往在公司是比较受欢迎的群体，除了能拉近同事间的关系，还能在平时活跃整个办公氛围。在许丹瑶刚进公司的时候，她便体会到了翠翠的热情。

但为什么这样的热情反而遭受到了主管的训斥和排挤？

主管在小区中的家事正巧被翠翠撞见，翠翠认为自己应该帮助主管处理她的困难，但她忘了这件事对于主管而言已经非常丢人，何况于被身为同事兼下属的翠翠撞见，她的热情即便没有被误解成是嘲笑，于主管而言也是丢面子的事。

许丹瑶认为这与同事间的相处其实是有区别的，在面对他人的尴尬事时，适时地判断，保持一定的距离感，是对对方的一种尊重。

·留有必要的余地·

你愿意总是把自己逼到死胡同，还是留一点儿余地，以便于给偶发状况一点儿动弹的空间？你能经受事情不按自己的规划发展的挫折吗？

我曾听闻，凡事留一线，日后好想见。用最坏打算的心态认真地把事情做到力所能及的最好，即便是结局未必如预期的完美，也会给内心的失望留下喘息的余地。

在我看来，这种半满的努力，比强迫症似的追求完美更贴合实际的生活。

比如实习生小忻，很显然，她闯入吴总办公室的时机不对。吴总的办公室里此时因为合同出现问题正是充满火药味的时候，魏主任也正为工作的疏漏努力解释，小忻不识大体地闯入无疑只会火上浇油地增加领导的厌恶感。

不论她是出于想要成为“救世主”，解救魏主任于水深火热，还是她此刻十万火急地需要魏主任的签字，这些都不足以成为领导对她的赏识的一部分，且结果关系着她的实习及日后就业。

现在流行一种说法，叫“求生欲”，必要的余地正是“求生欲”的重要突破口，进可攻退可守地留有自己的余地，同样适用于职场。

如果小忻手中需要魏主任签署的文件不是必要、紧急的文件，她完全可以等待魏主任离开吴总办公室之后再去签署，魏主任不会觉得她这样的处理有问题，更不可能引起吴总对她深度的反感。反而是她急于求成的工作态度，既不会让魏主任对她心存感激，也不会给吴总留下认真负责的印象。

没有人会一直陷在进退两难的困惑中，你也不要因为暂时的挫折而放弃了追逐成长的勇气。

第五章

明辨是非，做一个有态度的人

你看，心软的你对事情本身的不重视，弱化了你对是非标准的判断，你附议了别人原本就存在错误的提议，你的心软让你成了一个名副其实的“背锅侠”。

要知道，不懂是非的心软是病，得治。

是非是怎么回事

·不懂辨是非，随声附和·

郭德纲说，只谈乾坤风月，莫论人间是非。

都说是非这回事，最能折磨人的身心，使一个人身心俱疲。而心软的人在是非里更是受到无情的伤害。其实，你没有错，远离是非完全可以由你自己控制。

在为人处世中，难免会遇到诋毁你、嫉妒你、出卖你或是伤害你的人；也总会有人只是表面上伪装和你很友好，如闺密如知己，转身却将你的秘密全部抖搂给其他人，顺便嘲笑你一遍，让你十足地觉得原来傻瓜只有你一个。

很多时候，面对这些人，你都会很想拒绝接触，你很清楚你并不想卷入是非的旋涡中，甚至面对那些伤害过你的是非人，你更想直接冲上去撕碎他们虚伪的嘴脸。但当这样的交际本身真正使你疲惫时，你大概就应该检讨一下自己，我怎么就和是非扯上关系了呢？

其实，“是非”本身并不存在褒贬之意，论是谈非，本来就只是为了分辨出一个对与错而已。但是，当谈论的人对其他任何人产生了影响的时候，他就已经将自己变成了一个“是非制造器”，你能做出的逃离是非的最好的方式，就是远离。

如果不懂得分辨是非，你就会陷入不必要的烦恼中，轻则损伤名誉和尊严，重则招来无穷尽的坎坷和麻烦。

如果迎合对方会令你感到心累，但你心里又很清楚自己不屑于卷入是非，给自己和他人制造更多的麻烦和矛盾，乃至使整件事情复杂化，你会心软地考虑继续搬弄是非，还是从心而发，远离是非？

在美国著名心理学教授大卫·霍金斯的意识能量层级（人类意识能级）中，是非可以被引申为“不公正事件的搜集者”，属于能量级150这一层，这是一个负性能量磁场，处于这种层级中的人，因为易于被激怒而引发建设性或破坏性的行为，导致腐蚀生命中的所有面向。他们大部分都拥有好斗、吵架、搬弄是非、无事生非等的特性。

从意识能量层级上看，是非似乎与个人自己的心性有密切的联系。但很多人都不愿意承认自己就是“是非制造者”，而总是将自己认为是是非的受害者。

但事实上，你有没有想过，别人为什么总是来找你说是非？其实他只是在寻求你的一种认可，而一旦你“附议”了他，你就与这件是非事再也划不清界限，你原本以为这件和你扯不上半毛钱的事，竟然把你扯到“一块儿”了，你幡然醒悟时，自己已经成了是非人。

又或者是你遇到了一件令你不顺心的事，你知道是他的做法有问题，这件事搁在你的心里让你久久不能平静，于是你便想找第三方去倾诉。但你丝毫没有察觉到，此时的你，已经成了那个挑起是非的“是非之人”。

为什么你明明就很排斥，也清楚地认识到自己应该端正态度，却在遭遇到是非的时候，不及时制止呢？

你以为随口参与讨论不会造成什么损失，你只是随波逐流的一分子，这是你在是非中能安身立命的最安全的方式。毕竟如果此时你异军突起，你可能会成为众矢之的而遭到排斥，也会因此而显得与众人格格不入。

即使你很清楚应该做个有态度的人，却也不免在不知不觉中遭到了利用，你想就事论事，可在这是非背后，你真的有必要为了先有鸡还是先有蛋而争论不休吗？

所以，你一定需要有自己的判断能力，主动避险，不要人云亦云，否则就别怪日后的某天，自己成了这件是非事的主角。毕竟被众口相传的一件事，你能指望它离真相有多近呢？别人的无事生非很可能就是被你的心软惯的。

·立场不坚定，人云亦云·

乔斯坦·贾德在《苏菲的世界》里说，重要的不是你认为何者是、何者非，而是你开始在意事情本身的是非对错。

只有明辨是非的人，才能进退合宜。很多的心软都是出于立场不坚定而觉得“只是附和而已”，结果往往都是进退两难又辩解无力。

比如，两个新来的同事，因为项目的错误而受到了主管的批评，她们心情郁闷，觉得这个错误并不是她们两人造成的，而现在却把所有的错误都归结到她们身上。不甘心加之委屈，初入职场的她们极度需要一个宣泄口来发泄这场不公平待遇。

你和她们平时的关系还不错。于是在吃午饭的时候，她们拉着你吐槽不满，甚至告诉了你好几个与项目有牵扯的同事的私事，说他们不讲义气，居然把责任和错误推给她们两个新手，让她们来承受主管的怒火和错误带来的损失。

听完她们的吐槽，你觉得此时和她们探讨事情本身的是非对错，似乎有些不太合适。其实你并不了解项目的真实情况，你只是片面地听取了她们的表述。

但当务之急，你想着应该是先安抚这两个萌新姑娘，重新点燃她们对工作的热情。

于是你应和她们，猜测着也许当时主管也是刚被训斥完，心里有些不痛快，正好逮到你俩，等等。

你只是出于想要安抚的心，结果这一幕正好被有心的同事看到也听到了，转而报告给了主管。主管没有直接找你谈话，但对你的态度却明显有了变化，你感到莫名其妙。辗转才知道，是有人去“嚼了舌根”。而你却不知该怎么解释这件事，你也找不到这样的契机来解释。

你看，你原本只是想安慰一下同事受创的心，却莫名卷入了这场是非中。

假如你听过后只表示自己并不清楚这些事情，不能做出正确的判断，也许你就可以避开这场是非。即使无事生非的同事依然会去“告密”，那也只是子虚乌有的事，你完全能理直气壮地去和主管开诚布公。

你立场坚定地表明了态度，客观地引导和鼓励同事，我想其他人想要无中生有地搬弄是非，也难免会无处下“嘴”吧？你又怎会使自己陷入这莫须有的是非中呢？

·是非标准弱，得过且过·

列夫·托尔斯泰在《战争与和平》里说，没有人想到，承认与是非标准不相符合的伟大，不过是承认他自己没有价值和无限的卑劣。

虽说是非标准并非是绝对的，但其实，在现实生活中，却很少会遇到特别含混不清的是非问题，我们遇到的大多事都能清晰地理清这条是非的界限。

比如，你和同事一起参加一次职业技能考试，这些知识对于科班出身的你来说考试其实并不难，但同事虽然已经工作多年，积累了很多实际的经验，这些理论知识于他而言则不容易过关，你在随手翻阅复习资料的时候，他正在绞尽脑汁地背诵这些枯燥的知识。

尽管同事已经很努力了，但他依然力不从心。

眼看着马上要进考场了，同事孤注一掷地希望你能“帮助”他渡过这个难关，同事游说你，这又不是读书时代的考试，哪里会这么严格，工作的考试嘛，不过就是走个过场而已，再说了，我只要及格就够了，不会全盘抄袭你的。

你思考纠结了很久，该给他抄呢，还是不给呢？不给似乎也不太合适，毕竟都是同事，以后公司里也是抬头不见低头见的。何况你从内心也觉得这类技能考试不过是走走过场，何必那么认真。于是你得过且过，同意了同事的建议，你嘱咐同事不要抄得一模一样，偶尔也需要换一些自己的表述方式。同事敷衍地同意了，只要你答应给他抄就万事大吉。

但考试的时候，同事明目张胆地抄袭，没有逃过监考的犀利眼神，同事的考试资格毫无疑问被取消，你虽然幸免于难，却没能避开同事的指责，他责怪你字写得太小，或者是试卷放得太隐蔽，他看不清楚才万不得已做出了大幅度的抄袭动作，导致被抓，你反而成了他考试失败的“罪人”。

你看，你对事情本身的不重视，弱化了你对是非标准的判断，你附议了别人原本就存在错误的提议，你的心软让你成了一个名副其实的“背锅侠”。

如果你从一开始就认识到同事的提议是个错误的决定，并将自己的信念坚持，甚至正确引导同事认真看待技能考试这件事，那么也许同事对于知识点的积累会是另一种态度，即使他最后仍然会走上“抄袭”的路，你也不至于成为他口中的“罪人”。

你对是非抱着无所谓的态度，得过且过，总有一天，是非会教会你什么叫有所为有所不为。

·高调不谦逊，激化矛盾·

蕾秋·乔伊斯在《一个人的朝圣》里说，给予和接受都是一份馈赠，既需要谦逊，也需要勇气。

是非的背后永远伴随着矛盾，当避无可避的是非必须要去面对的时候，谦逊和忍耐一定是自我保护的有力武器，让人虽身处是非的旋涡中，依然能明哲保身。

比如，部门主管在他走马上任之后，掀起了“新官上任三把火”

的整顿。他对部门里的所有制度进行了改革，对人员的安排也进行了相应调整，甚至一改之前对待同事的作风，变得风风火火。

你们觉得无所适从，曾经同事时的他现在成了你们的领导，成了对你们的工作指指点点的人。总有同事不服气，煽动着你们联名去找经理处投诉这位高调的新主管，何况于新主管的一系列整顿已经破坏了部门里原本已经形成的工作模式。

可是众人你看我我看你，谁也不想当这只“出头鸟”。

心软的你看着众人一筹莫展，甚至影响了工作情绪。你想着也许你能帮助大家解决这个问题，于是，你提出或许应该适应一下新主管的新政策，此时众人却举荐了你，他们说以你的能力，他们更愿意由你来坐这个主管的位置领导他们，如果你能成功挤走新主管，那么很可能你就是下一任主管。

这对你来说无疑是个十分诱人的条件，你考虑再三，决定接受同事们“信任”的提议，可你们都忘了，新主管也是从你们中脱颖而出得到这个晋升的机会的，他一定有他过人的能力，自负成了你被人利用的工具，被推进了是非之地而不自知。

你看，你原本只是想恢复众人工作的热情，却在吹捧的间隙忘记了谦逊，反而激化了同事与新主管的矛盾，你让自己莫名陷入了是非。

·心态失衡，内心灰暗·

《仁德法语》中说道，有人来跟你说是非，你一定要保持清净心态，千万不能被别人的言语是非影响，一定要安住灵知真心，用空性慧观照自心，不能随着别人的语言是非转。

一个好的心态能够体现一个人的修养，也能给人内心向阳的感觉，更能让人平静地对待生活中的是非对错。

比如，开同学会时，许久不见的同学小 A 忽然光鲜亮丽地出现在你们眼前，你们都惊讶于她的改变，却不得不重新审视她，也不得不承认你们都很好奇她的经历。

席间你们回忆起令人怀念的读书时代，同学小 J 不知何故提起了小 A 曾经的劣迹斑斑，小 A 竟没有觉得尴尬，反而漂亮地回击了小 J 的讽刺，这也成功激起了小 J 潜藏在心底深处的不平衡。

隔日，小 J 莫名来找你们聊天，尖酸刻薄地提起了昨天被小 A 反击的气愤，甚至向你们打听是否知晓小 A 近些年的经历，到底是怎样的奇遇才能把曾经让人瞧不起的小 A 成了如今光环耀眼的女神。

起初你不愿意多加议论，但也不好意思打断小 J 的“兴致”。

随着话题的深入，成功勾起了你也想知道小 A 的境遇的八卦欲，你们甚至一起猜测揣摩她是不是攀上了哪根高枝才得以扭转“乾坤”。

事实上，你们中的任何一个人都不清楚小 A 的努力和改变是靠她自己拼搏回来的，你们只看到了她光鲜亮丽的外表，却忽略了她在背后默默吃的那些苦和付出的那些艰辛。

你看，你没能坚守住自己清明的心境，在其他人心态失衡的状态下，将心软的自己也绕进了这八卦的是非圈。

其实你本就清楚地知道，小 J 只是出于心态失衡接受不了小 A 光鲜亮丽的冲击，才来与你胡乱揣测小 A 的境遇，你完全可以正确引导小J，端正小J的心态，而不是随着小J的话锋兜兜转转。

要知道，来说是非事，必是是非人，扭曲的心态是怎样都救赎不了内心灰暗的人的。

·良师益友，傻傻分不清·

台湾教育心理学学者吴静吉在《青年的四个大梦》里说道，青年的四个大梦想：人生价值，良师益友，终身事业，爱的需求。

毫无疑问，良师益友在一个人的生命进程中占据了重要的地位，他们会带你勇往直前，而不是无事生非、聚众八卦别人的是非事。

比如，你总会有几个和你特别聊得来的朋友，你们经常一起分享彼此遇到的趣人趣事，你们同仇敌忾彼此遭遇的不公，你们做很多共同感兴趣的事……

有天，你们中的其中一个朋友来跟你说一件非常隐秘的事，是关于另一个朋友告诉他的一个秘密。知道秘密的他难忍自己一颗骚动的是非心，他需要有人来和他共同维护。结束时还不忘嘱咐你“我只告诉你，你可别说出去”。

然而过了N天，你意外地发现，其实这件事在你们的圈子中已经成了公开的秘密，除了当事人自己不清楚到底发生了什么。

当事人来责问你为什么知道这样荒唐的“秘密”，却没有去考证事情的真实性，反而任由他们以讹传讹。你竟无力反驳。不可否认，你当初并没有怀疑秘密的真实性，而是真的将它当成了只有你知道的一件事。你还自以为很讲义气地准备让它烂在肚子里。

事实上，如今面对当事人的责问，你可能甚至仍然无法判断到底哪个朋友说的才是真实可信的，哪个朋友才是你的良师益友。

你看，朋友做着伤害友谊的事，心软的你却不加以阻止，甚至眼看着事情恶化，你莫名成了帮凶，却依然不清楚自己到底该如何维持和维护你们之间的这份情谊。

说真的，不怕神一样的对手，就怕猪一样的队友。都说良师益友利于行，你可别傻傻分不清，还一边把自己往“猪圈”里带。

刘同在《你的孤独，虽败犹荣》里说，看到搬弄是非的人，不必非得去扇耳光，只需要从他的世界里消失。

遇到是非时，有人会冲动地想要去寻找答案，有人会聪明地淡然面对，全看你是怎样看待是非这回事的。

来说是非事，必是是非人

·1·

王珏有些想不明白，最近秦琪对她的态度总是不冷不热，与以前大相径庭。

她和秦琪从进公司以来一直都合作得很好，连我们都有耳闻，她甚至一度想将秦琪带进我们的圈子里，她一直说，在工作以后能找到一个知心的朋友实属不易。

我们猜测，也许秦琪遇到了糟心的事、心情不太好之类的。可经过一段时间的观察，王珏发现，秦琪只有对她的态度才会与众不同，对其他同事却是一如既往的热情。

王珏给我留言："云之，你说我能去直接问她'我到底哪儿得罪她了'吗？这个问题堵在胸口，真难受。"

我刚准备回复，碰巧对话框又跳出了一条信息："哎哟，气死了，琪琪居然在其他同事那儿说我不好相处，合作时很累。"王珏克制不住地开始吐槽秦琪。

这未免也太巧了吧？

"你怎么知道的？"我想帮王珏理清思路，这段谣言来得太过及时。

“是筱言告诉我的，刚给我发的消息。”王珏说完还给我发了一张对话截图，上面赫然写着“秦琪的秘密”。

戴筱言是秦琪的室友，也是一个部门的同事。有次聚会时听秦琪说起过他们部门内部争夺业绩，当时当成一个玩笑，戴筱言就是榜上有名的“争夺王”。

“你确定这是琪琪说的吗？”对于戴筱言说的话，我始终持怀疑态度，“要不要求证一下？即使琪琪真的说了跟你合作很辛苦的话，你也可以顺便改正合作上的问题，这对你也是一种进步呀！”

王珏的性格向来是心直口快藏不住话，眼看着新项目就要启动了，如果不能解决和秦琪的矛盾，她甚至都怀疑在新项目上该怎么和有猜忌的秦琪继续合作。

找了个周末的下午，王珏依然点了一杯拿铁，开始“备战”。她给秦琪发了一条消息：“琪琪，最近我们的关系似乎有些问题……”她手一抖，还未说完的话就发送了出去。

没想到，秦琪竟然立刻就回复了她：“没问题。”

才怪？！王珏瘪瘪嘴，心想着以前两人说不完的话，什么时候会有少于10个字的对话记录了？她也懒得迂回了，单刀直入就说出了自己的疑问：“同事告诉我说你对于我们的合作似乎有些意见呢，跟我合作很累，对吗？”

“筱言？”秦琪只回复了这个名字。不过她们俩似乎都觉察出了一些端倪，“你在哪儿？我来找你。”

秦琪到达的时候，桌子上已经放了她喜欢的摩卡。她脸色不太好地坐在了王珏的对面，叹着气说道：“是筱言告诉你的吧？”

王珏有些纳闷，秦琪是怎么知道的？但随即，秦琪便解开了她的疑惑，“看来这又是一场争业绩的战争呀！”

事实上，秦琪告诉王珏，她所在的监理部前阵子开了一个关于新项目的会议。会议上，主管提出需要一个主要负责人来配合工程部展开后续的工作，由于新项目由工程部的王珏为主要负责人，所以对于监理部来说，第一备选便是秦琪，第二备选则是筱言。毫无疑问，如果让王珏来决定监理部的主要负责人，首选一定是秦琪。

于是，就有了筱言编导的这一出戏码。

筱言找准机会和秦琪“无意”地说起了王珏的事，她告诉秦琪，王珏在同事间说起合作的事，觉得自己很辛苦，作为工程部的一个管理，还需要指点监理部的秦琪展开工作等。虽说是无中生有的话，但在秦琪听来却也有些道理，心软的秦琪内心憋屈，又不想去理论，也就和王珏疏远了距离。

同样的戏码在王珏这边也重新上演了一遍，便造成了她们之间的矛盾。

“是我的问题，没有完全信任你，我忘了‘来说是非事，必是是非人’的古训呀！”秦琪抿了一口摩卡，继续说道，“如果不是你来找我明说了这件事，我们两个可能就被挑拨成功了。不仅是事业上的损失，也是对我们友谊的伤害。”

秦琪说完，和王珏两人相视一笑，冰释前嫌。

谣言未必是真的，但盘点是非的人必然自身便是是非人。心软的你要是不愿意或是没有勇气去揭开是非的真相，你可能会深受其害。

·2·

糖糖有个特别能八卦的邻居小伙小泽。

说起小泽，糖糖不胜其烦地跟我们说："天天往我家跑，我又不和他谈恋爱，整天就跟我说一些破事，我妈还以为我和他有发展呢，天天盼着他来我家。就一个字：'烦'！"

我们取笑她，不如就凑一对吧。

糖糖嗤之以鼻："才不要，每天家长里短地八卦是非事，头疼。"

糖糖生日那天，邀请我们去她家做客。刚吹完生日蜡烛，就传来了敲门声。珊珊说："糖妹，门铃。"糖糖边咕哝着"准又是那家伙"，边不情愿地去开了门。

果然是传说中的"八卦小能手"小泽，他自来熟地拉了一把凳子就在我们中间坐下了。

"我这是刚收到一个消息，就立马跑来告诉你了呢。"蛋糕都还没切完，小泽已经准备拉好了他准备八卦的架势。

"是你哪个朋友又被穿'小鞋'让你知道了，还是谁又被抛弃了？"看着糖糖说这些话时一脸无趣又无奈的表情，我们都在旁边憋着偷笑。

"都不是！"小泽完全没有意识到糖糖的厌烦，"是我们小区 14 幢的张阿姨……她家的儿子，那个'海龟'。"

"哎呀，你就别瞎掺和这事了，人家'海龟'有你什么事啊？"糖糖连好奇心都省了。

"他当时出国的时候多威风呀，后来回国创业，张阿姨也是满小区的广而告之，那阵仗……真是记忆犹新。"不知怎么的，这话让我们都听出了点儿酸葡萄的心理，但小泽却一点儿都没有意识到这个问题，继续兴致盎然地说他收到的消息，“听说前阵子他公司业绩不是很好，内部管理都还有很多的矛盾呢……”

“我没兴趣啦。你看我今天这么多朋友都在，我哪有时间听你瞎扯。”糖糖再次拒绝了他，并且不再搭理他，和我们聊起了其他的事。

看得出来，小泽很想再待会儿，也许他想等着糖糖空闲了再继续这个话题。可他发现我们不是聊新款包包，就是扯网红口红的色号，完全搭不上我们的话题，便拿了一块蛋糕，跟糖糖说了句生日快乐，就走了。

小泽刚离开，小雅就按捺不住好奇心，问道：“看这小伙也挺热心的，糖妹你怎么这么狠心不待见人家呢？万一人家是借口跟你扯八卦，来追求你的呢？”

糖糖摇摇头，如释重负地开始吐槽。

14 幢的张阿姨和糖糖妈是旧识，而小泽则在张阿姨儿子的公司工作。因为是一个小区，小泽专业也对口，所以张阿姨的儿子给小泽的职位和年薪都还不错。

糖糖妈和张阿姨说起小泽经常往自家跑，糖糖年纪也不小了，让张阿姨帮忙打听一下小泽的情况，参考下这个小伙子怎么样，想撮合糖糖和小泽。

张阿姨跟自己的儿子了解过之后，把知道的情况转告给了糖糖妈：小泽在公司的评价不太好，是个爱惹是生非、嘴巴不牢靠的人。

小泽不仅平日里爱跟糖糖说八卦，在工作中也同样爱凑热闹。

同事间的聊天场合小泽必在场，但却总是不小心就“说漏了嘴”，把这个同事说的事告诉另一个同事，其他同事说的事东拼西凑又告诉了哪个主管，搞得办公室氛围也是紧张异常，管理之间猜忌不断。

办公室里最忌讳无中生有，也最厌恶惹是生非。小泽一样不落地全占了个遍。

听了糖糖的吐槽，小雅直夸糖糖处理得干净利落，把小泽冷落得自知无趣离开了，否则还指不定会听到什么版本的“小泽说书”。

糖糖说：“人家说，但看花开落，不论人是非。他一个大男人还这么多是非事能论，这种人我只想逃离。”

是非来袭时，每个人的态度都不尽相同。有人想寻求答案，有人淡然面对，有人甚至想躲开是非，虽说仁者见仁，但心软的你不懂及时判断，很可能就会把自己陷在是非里。

·3·

糖糖是我们圈子里出了名的“八卦吸收体”，是因为除了小泽这样的“八卦男”以外，她还有一个女性朋友，外号叫“妮八”，所以听这个外号你就懂了，完全是女版小泽。

妮八的唯一爱好就是谈论八卦，说人是非。从明星八卦到朋友、同事的是非，她都能如数家珍。糖糖说：“云之，你知道吗？我一直都觉得，妮八当初没有去读新闻学或传播学是屈才了，她完全有当记者的天赋啊。”

正说着，就看到妮八大老远朝着我们这边在挥手，兴高采烈地拐进了星巴克的门，糖糖轻声说道：“这下完蛋了，美好的下午茶又变成了茶话会了。”我怀疑着表示哪有这么夸张，她伸出手指，“赌 5 块钱。”

咖啡都没顾着喝上一口，妮八便说起了她最近的遭遇。

同事小林经常迟到，但是他的签到卡却永远都是全勤，月月都拿全勤奖。起初妮八也没有在意。

国庆长假后的第一天，小林和妮八双双迟到在电梯中相遇。小林 10 月依然拿了全勤奖，可妮八的全勤奖却泡汤了。她对此愤愤不平，还特地去综合部查看了小林的签到卡，但签到卡上确实是满满当当的全勤。

那之后，妮八就偷偷盯上了小林的签到卡，她想“破案”到底是谁在帮助小林打卡签到。

很快，妮八便找到了这个“幕后黑手”大春。

妮八发现，大春每天早上都很早到公司，先给自己签到，然后去洗杯子前先观察一圈办公室的情况，回来的时候趁着同事还没到齐，少数早到的同事也都在整理自己的东西，就顺手帮小林打了卡。

妮八如获至宝。

午饭的间隙，和一起吃饭的同事就说起了这件事，惹得同事们面面相觑，却没有人迎合她。她觉得很无趣，发了一条朋友圈，说现在的人，是非观念太差了，这种弄虚作假的行为居然没有人提出异议。没有同事给她点赞。

但是那天以后，妮八明显感觉到自己在办公室被边缘化。她开始一个人吃饭，她有困难了也没有同事过问，她去请教同事问题，大部分同事的反应也都非常冷淡……

妮八感到有些莫名其妙，同事们都怎么了？

谜团还是在卫生间被解开的。妮八听到洗手槽那边有同事在议论她。

一个声音说：“你觉得这事是妮八去告的密吗？”

另一个声音说：“感觉像，这事之前就是她说起来的，现在小林和大春的处罚措施都还没出来呢，也不知道会怎么样。她做得可真够绝的，原本以为就是说说呢……”

妮八认得同事的声音，回到工位上就私聊了其中一个同事。

同事起初也否认，但架不住她的纠缠，才说出了实情，原来是小林的代签到被举报了，现在等着上级的处罚决定，同事们都猜测妮八是举报者。妮八向同事解释自己并没有向上级告发过这件事，对方也只是回了一句“我也不清楚啦”就草草了事了。

妮八吸了一口星冰乐，叹气：“你们说这都什么事，我明明什么都没做，但这锅眼看着我是背定了。想想就好可怕。”

糖糖无奈地朝我挤了一下眼，便不再多言。

好不容易等妮八走了，糖糖说：“我早说了让她别管这事，全勤扣了就扣了，以后自己多注意就好了，她不听，还在同事中间到处说，这下你看吧，自己挖坑把自己埋了吧！”

一旦陷入是非中，想轻易脱身则并不是一件容易的事，你百口莫辩，这锅背得憋屈，莫名让自己深陷却无能为力。

口舌之争没必要

·1·

阿胖郁闷地喝了一口酒，说道：“你说这都什么事，根本和我们一点关系都没有，现在搞得我们都快要分手了。真是……”说着，他又“咕咚”喝了一口酒。

阿胖的女朋友小樱，下午回家和阿胖说起了闺密安娜的工作困扰。

安娜从事财务工作，但总有其他部门的“老油条”来找她帮忙。起初是让她帮忙填出差单，她觉得这个与自己的本职工作有关，帮就帮吧；后来有一次看他们加班加点赶项目挺忙，她又帮忙一起帮他们处理一些琐事，比如复印。

没想到，一回生二回熟，这复印的工作莫名就落在了安娜的头上，而且她发现她做其他部门的事情的时间越来越长。她渐渐觉得有些力不从心，可又不好意思拒绝同事的请求，反而导致自己每天加班加点做本职工作。财务部主管对此已经略有微词。

安娜找小樱出主意想解决这个困扰，小樱又是一个摇摆不定的人，小樱觉得这件事，安娜当众拒绝同事似乎有些不太合适，毕竟抬头不见低头见的；不拒绝，任凭主管对自己有想法，也不是个办法。

无奈之下，小樱找阿胖商量这件事。

阿胖的脾气火暴，加之下班前刚和同事为一个问题争论了很久，心里有些不顺畅。听完安娜的事，第一反应就絮絮叨叨批评了小樱一顿："你自己的工作都还没好好安顿呢，还管人家安娜的事。"接着又说到了安娜，"安娜也是奇怪的，这明明不是她的工作，她凑什么热闹，有一就有二，直接拒绝不就好了？"

小樱听阿胖在嫌弃自己没工作，又批评闺密，一肚子的火没处撒，但她必须维护自己的闺密，没好气地说："安娜一向心软！直接拒绝？你说得倒是轻巧，你怎么不考虑一下她的处境哪？！"

阿胖一听，也来火了："这能怪我啊？又不是我让她去做的。"

小樱听着更不高兴了，两人一来二去就吵了起来，连带着把之前的一些误会全部"重播"了一遍。最后小樱说了句"懒得跟你扯"便摔门去了客厅，阿胖则出门约我们喝酒为收场。

小宇听完事情的来龙去脉，跟我相视一笑，跟阿胖碰了杯，看着他一饮而尽，小宇说道："要我们看，这件事就是你的不对了。"阿胖微微一愣，等着小宇继续分析下去，"就像你说的，这本来就不是你们之间的事，樱姐也就是自己拿不定主意了，来找你商量解决的对吧？"

阿胖摆摆手，表现出异常的不耐烦。

于是小宇只能接着说了下去："那既然是找你商量事情，说明她们都很信任你，结果你倒好，先说了一顿樱姐的不是，又批评了人家樱姐的闺密，连你们自己，都还为此争了起来，甚至把之前的事全捣鼓出来了。这么争来争去，你说有必要吗？赢了又怎样呢？”小宇趁热打铁，“你这家伙心真硬，明显樱姐比你心软多了，人家樱姐都让着你了，你还傻兮兮的不知道呢。”

阿胖想了想，觉得小宇说得也有道理，如果不是小樱摔门出去，依着那吵架的势头，估计当场就分手了。那现在坐在这里，就该是“庆祝”他失恋了。

任何的帮助请求都是一种信任（诈骗除外），与是非无关，没必要为了这份信任产生口舌之争，赢了争论，输了感情，永远都是得不偿失的一笔“买卖”。

·2·

读大学的时候，临近寒假，就想着给自己过年置办几套新衣服，我便约了几个朋友一起去逛杭州城。

在米莉的引导下，我们找到了位于杭城某巷子角落的一家服装店。店面不大，但不论是装修还是衣服款式，都非常有特色。于是我们决定在这家店挑几件合身又好看的衣服。

卓娅看上了一条波西米亚风的连衣裙，试穿效果其实也挺不错，但似乎与这寒冬腊月的天气格格不入。米莉嘲笑卓娅：“看是挺好看的，但是你看窗外这鬼天气，你买去压箱底啊？”

卓娅打心眼里喜欢这条裙子，便不顾米莉的嘲笑，执意要买下它：“我可以囤着明年夏天穿呀，你愁个什么劲儿？”

米莉指着卓娅“扑哧”一笑，不客气地说：“你确定你明年夏天穿得下吗？你每年夏天都会胖成球，然后再拼命减肥。”

虽说是句玩笑话，但我们都看得出来，卓娅的脸色不太好，她想驳斥米莉，却久久没有开口。我们看着情形不对，赶忙从观众拉回现实，帮着各劝各的。

此时的米莉，像是夺得了一场胜利，骄傲地在橱柜前继续翻找。而卓娅则失去了继续挑衣服的势头，但依然买下了那条心仪的裙子。

吃饭的时候，我们盘算起了一天的战绩。

卓娅在一旁没有说话，反而米莉却又开始嘲笑起她："我说小娅，你还真买了那条裙子，那条可是我夏天的时候就看到的陈货了。"末了还加了一句嘀咕，"什么眼神啊？"

卓娅憋屈了一天的情绪，在听到"什么眼神"的时候爆发了："你有意思吗？我自己喜欢就好了，又没要你买了送我，你管我呢！"

我们都为卓娅捏了把汗，这话说得明显带着沉淀已久的火药味。想想也有道理，萝卜青菜各有所爱，总不能为了自己不喜欢而去贬低朋友的品位吧。

米莉莫名被卓娅这么一吼，面子上有些架不住，她的脾气一直都是我们之中最火暴的，开始没完没了地数落起了卓娅。除了嘲笑卓娅的身材，连平时的一些陋习也一并说了起来，听得我们都有些怀疑米莉的 EQ 是不是这时候短路了？

卓娅实在是听不下去了，起身说了句："你们吃，我先回去了。"便收拾了东西就离开了，搞得我们都异常尴尬。本来都是很要好的朋友，有必要为了一条裙子而扯到这些口舌之争吗？

米莉却并不觉得有问题，还觉得是卓娅不听她的劝惹的祸，她只是好心劝卓娅而已。而事实上，她赢了口舌之争，却输了和朋友之间的感情。

没多久，我就收到了卓娅的 QQ 信息："以后有米莉在的场合，别叫我了。”

不是原则性的大是大非，没必要口舌之争，伤害的感情永远比赢得的“胜利”更有价值。及时止损，才是明智的选择。

·3·

你身边有没有特别喜欢抬杠的朋友？我身边就有这么一位“杠精”本精郭佳佳。

郭佳佳之所以被誉为我们圈中的“杠精”，是因为她在任何聊天的场合，都可以发挥她“杠精”的特质，甚至可以说，不分场合、不分地点、不分人物。

虽然我们都已经习惯了，但总有些时候还是会对她产生一些怨气。有朋友说：“云之，你劝劝佳佳吧，她也就和你还少‘杠’几句。”但是不好意思，这位朋友，我真的劝不住她，我怕我自己都会和她杠上。

郭佳佳的改变，还得从她去参加一次竞标会说起。

郭佳佳毕业后在一家广告公司工作。不得不说，她虽然爱抬杠，能力却是杠杠的。于是，在“甲方爸爸”提出需要开一个意向合作会对比下各设计公司实力的时候，老总反复地要求郭佳佳一定要慎重对待，务必拿下这个项目。而且为了避免她临场可能会“杠精”附体，还给她配了一个性格特别“糯”的同事糯米，作为她本次项目的助理。

然而尽管有糯米“看着”，佳佳依然在会议上被“杠精”附体了。

“甲方爸爸”在会议前给出了一个意向测试，希望以此来评定各设计公司实力，择优选择合作对象。

等到郭佳佳解说完她的设计理念后，“甲方爸爸”对其中的几个细节提出了质疑，甲方负责人指着屏幕中的一个位置说：“小郭，这个地方我们觉得是不是可以再优化一下？”

能提出需要优化方案的建议，大致可以证明“甲方爸爸”对佳佳的设计方案相对其他方案是比较有兴趣的。但佳佳可不这么看，她觉得她的方案已经完美到无可挑剔了，否则也不会拿出来作为竞标代表作了。于是佳佳不客气地表示：“这已经是我最完美的方案了，这个地方我也考虑再三，不需要修改了。”

“甲方爸爸”没有再多说，让其他设计公司继续展示设计方案。为了方案保密，让她们去会议室外等候评选结果。

这可把坐在一旁的糯米吓傻了，一个劲地拉扯着佳佳的袖子，意图制止她想要和“甲方爸爸”杠上的那颗骚动的心。方案可以再探讨商议，今天的目的是先拿下这个项目。这么和“甲方爸爸”杠着，不是明摆着驳了“甲方爸爸”的面子吗？

会议室门口，糯米还在劝着郭佳佳先采纳“甲方爸爸”的建议，等项目正式敲定下来，双方可以再沟通设计理念和方案的。郭佳佳则潇洒地一甩糯米的手，说道：“如果这个方案还有瑕疵，我一定不会拿来作为竞标作品的。他们不懂欣赏，只知道鸡蛋里挑骨头，那以后就算合作，也会很累的呀。”

话音未落，会议室的门忽然打开，对方很有礼貌地对她们说：“请你们去那边的休息室讨论吧，不要打扰到里面的会议。”

后来可想而知，佳佳失去了这个项目，而她的主管则告诉她，其实在那次竞标会议上，“甲方爸爸”最看好的就是佳佳的那个方案，但鉴于对佳佳的其他方面考察看来，不适合和他们进行深度合作。

尽管主管表态，只要能签下这个项目，设计人员他们公司内部会进行更换。“甲方爸爸”也只是说“会再考虑看看”，便没了下文。

从那之后，郭佳佳忽然改变了，她说，她开始反省自己的问题，到底只是为了享受这争论的过程，还是是非不明、自我膨胀？

未必任何事情都需要争出一个结论，学会分析事情的两面性，乃至多面性，别让刚愎自用蒙蔽了你聪慧的心。

明辨是非，做一个有态度的人

·1·

洛米端着一杯柠檬水，坐在我们一堆咖啡控中间默不作声。我们对此早就习以为常了，不用问也知道，肯定又是她那个不上进的懒蛋男友大猫惹到她了。

洛米酝酿了很久的情绪，问我们："姐妹们，你们说我像是这么是非不分的人吗？"我们一致摇摇头。开什么玩笑？！谁敢说洛米是个是非不分的人？在我们圈里，洛米根本就是个非黑即白的典型人物，绝对没有所谓的灰色地带可以蒙混过关。

可这么一个根红苗正的妞儿，却偏偏找了一个喜欢捣糨糊的男友。

大猫在当地一家房地产公司上班，听洛米说，大猫能进这家房地产公司，还是托了一些关系的。于是他总是仗着自己这个"皇亲国戚"的身份在公司偷懒，洛米不止一次地说教过，他不听，依旧我行我素。

其他同事忙开盘的准备工作忙得焦头烂额，领导们也是紧张万分，揣测祈祷着开盘的成绩能好上加好。他依然是一副事不关己的姿态，自顾自地玩游戏、看小说。

其他同事挤公交、赶地铁，边跑边啃着早饭，追着时间点往公司跑，生怕迟到了会和全勤奖失之交臂。他经常在公司附近先吃个早饭，再慢慢悠悠地散步回公司，用他的话说：“刚吃完跑步会得盲肠炎的，健康最重要，是1。有1才能创造后面的0。”

“理论倒是学得比别人精，做出来的事就没嘴上说得这么好听了。”我曾经没有顾及洛米的面子而取笑过大猫。

这次肯定又是出什么幺蛾子了，才会使洛米如此激动。洛米生气地说：“明明是自己做得不好，还没脸没皮地说是主管不给他亲戚面子，对他有偏见。我要是他主管，我也对他有偏见！还好意思让我站他那边呢！呸！”

原来是大猫前阵子上班的时候在玩游戏，赶巧恰逢执行董事来“微服私访”，结果被逮了个正着。现在公司里正在研究讨论对他这个唯一的反面教材怎么处理比较好，连他亲戚也无能为力，护不了他周全了。

大猫和洛米约会的时候说起了这件事。他气愤地说：“就是我们主管看我不爽，想借机把我除掉，不然他早点儿告诉我们执董要来检查，我那天肯定不会上班玩游戏的。”

洛米听他这个语调就按不住自己的“正义感”了，本来就火暴的脾气更是一点就着，对着他就是一顿吼：“上班玩游戏，本来就是你自己有问题啊！明明是你自己的错，你还有理了！”

大猫因为处分的事心情不好，被洛米一吼，也点着了他的脾气：“你这是非不分的女人懂个啥？！你是我女朋友，应该站在我这边，知道不？！”

“我有判断能力！我没瞎！我只站在正确的一边！”他们不

欢而散，洛米给我们几个打了电话约出来喝咖啡。

幸灾乐祸的春春问道："那你这算是回归单身了不？"见洛米没有说话，大致也了解了，赶忙又加了一句，"这次你可别再心软了，过几天他来认个错又屁颠颠地原谅他了。"

洛米摇摇头，失望地说："这次保证不会了，我看清楚了，他不适合我。"

做一个有态度的人，面对错误的事情，摆正立场，阐明要义。心软地包庇，一味地纵容，只会使错误往严重的方向发展，这一定不会是你想要的结果。

·2·

说起我正在自学心理学，邹丰一分钟都没耽搁，立刻给我回复了一条："那你帮我分析一下，他们那种天天说人是非的人，到底是个什么心态啊？我特别好奇！"末了又加一条，"我真的是神烦那种人。"

我默默地回复他："你说食堂管给你们做好吃的菜，还给你们洗衣服吗？"邹丰返回给我一个蒙圈的表情，但随即便顺着我的话，说起了他们公司的"食堂杂记"。

邹丰刚应聘到这家公司的时候，觉得公司氛围出奇的好，同事们都其乐融融，就连午饭，都是专门在食堂预订了一张大号圆桌，大家围在一起吃的，顺便随口聊点家长里短。

起初邹丰也乐于参与其中，说说自己的见闻，聊聊其他同事的趣事，偶尔也会跟着一起评论一番，发表自己的见解。但时间久了，他发现，这根本就是一个华丽的是非圈，把所有人都搅里头了。

事情的起因是和他们一起吃饭一起共同的同事王荔要升职了，内部决议已经传达到他们每个人，只缺一份正式的红头文件通知了。

以前，王荔也是他们“大圆桌”的一员。但这天，王荔应主管们的邀请，去公司附近的排档吃饭去了。于是这餐“大圆桌会议”成了王荔的专场。从王荔进公司开始的重要事件，到他的家庭关系，再到工作态度等，都成了他们这次“会议”讨论的对象，令邹丰瞠目结舌又大开眼界，他从来不知道他们居然可以攒下一个同事这么多的公事私事来评头论足。

同事小林忽然把话题丢给了邹丰：“小邹，你觉得王工平时怎么样啊？我记得你刚进公司的时候，就是跟着王工的吧？”

王荔平时对邹丰还不错，他刚进公司那会儿，没少给他开小灶。而且对于这次升职，他也觉得王荔是实至名归的。

同事们见邹丰对王荔的评价有些颇高，也有些察觉不该再说下去。这时小林出人意料地说道：“我觉得王工这人又古板又不知道变通。之前，要不是他非要坚持原设计，不按照客户的要求修改意见，那个项目现在早完结了。”

邹丰也听王荔说起过小林说的那个项目，便反驳小林：“你还得感谢王工，要不是他不按客户修改意见节约成本，我们公司可能现在还得吃官司都说不准呢。”

同事们面面相觑，随口又聊了几句便解散各自休息了。

快接近下班的时候，邹丰收到小林的私信，小林质问他是不是他向王工告了密？邹丰向小林保证不是自己告密，小林才相信他。但是他们都猜不出来这幕后黑手。

邹丰有些意外，他猜测可能是中午说那个项目的事，却没想到这么快传到了王荔那儿。他忽然有些害怕，原来这融洽的“大圆桌”居然也是暗涛汹涌。

小林说：“我以后可不敢再乱说话了，保不准就被坑惨了。幸亏王工不计较，不然真的要死翘翘了。”邹丰也庆幸自己没有参与得太多。

做一个有态度的人，远离是非圈，不跟风，不瞎起哄。在暗流汹涌的职场中，这也是对自己的一种行之有效的保护方式。你的心软迎合，或是恶意评论，都会使你陷进是非圈中，无法自拔。

·3·

有一次聚会，老钱向我们抱怨：“瞿文又没参加，不知道在忙什么？”杜美眉坐在一边点点头，表示默认。

老钱这么一说，我才发现，确实很久没有见到瞿文了。

过阵子在超市遇到了瞿文，我调侃她：“瞿总最近很忙啊，老钱都说你好几次没参加聚会了呢。”

瞿文面露难色地摇摇头，说：“不怕跟你说实话，我以后应该也会很少参加她们的聚会了。”看着我略带迷茫的表情，她又说道，“你这几年一直在杭州，你不知道也正常。”

瞿文在我们圈子里一直都是个很有自己的思维和态度的人，听她这么一说，倒是引起了我的好奇心，到底是怎样的事情，使她做出了疏远密友的决定。

听瞿文说，她们三个之前都会事先在微信群约定一个时间，杜美眉的店就是她们的姐妹淘大本营。

本来姐妹几个聊聊八卦、说说时尚，当作消遣也挺好的。但凡事总有意外。

情人节前夕，瞿文收到杜美眉的邀请，说是店里来了一批新护肤产品，让瞿文去体验。

瞿文对我说：“你不知道，我当时还乐颠颠地满心欢喜，立马抽了个空就去了。”

杜美眉边帮瞿文做护肤边说起话来，令她震惊的是，杜美眉说的居然是老钱家里的事。杜美眉告诉她一些老钱夫妻间的私事，以及老钱对女儿管教的方法有哪些问题之类的生活琐事。但在瞿文心里，这并不是事情本身的问题，而是杜美眉爆料的话题是私房话，她为什么要对自己说呢？

瞿文揣摩不透这到底是怎么一回事。

没过几天，瞿文在小区门口遇到了老钱，老钱夸赞她最近气色不错，调侃她皮光肉滑好羡慕，不像她，生了孩子之后没有好好保养。瞿文便顺口说起了杜美眉店里的新品。

此时老钱却说起了对杜美眉的不满。老钱说，她其实非常讨厌杜美眉一直模仿她对孩子的教学方式。

她和杜美眉的两个女儿年龄差了不到两岁，她让女儿学钢琴，杜美眉也给女儿报了钢琴班；她女儿学主持人，杜美眉的女儿也去报了主持人班；她女儿学跳舞走台步，杜美眉的女儿也报了舞蹈班……

瞿文观察着老钱越来越厌恶的表情，没有说话。

之后的聚会，瞿文又参加了两次，但她丝毫看不出老钱和杜美眉有任何的隔阂，依然是有说有笑、亲密无间，仿佛她们对自己说的那些话从来都没有存在过。

瞿文不喜欢这样的友情，热络得太廉价。更不喜欢这样的朋友，明明两相生厌，互看都不顺眼，却表现得情深义重，她觉得这样的朋友太假，这样的圈子是非太乱，她不愿意多掺和。

做一个有态度的人，明辨是非做出正确的选择。值得珍惜的友情，从来都不是在背后谴责对方的错误。

从心而发，不问东西

·1·

意外接到 YOYO 的电话，说：“小陈姐，你当初辞职真是明智的选择啊。”我不知道该如何应答这个问题，她又接着说，“我也准备辞职了。”

YOYO 是我以前一家公司工程部的同事，性格活泼开朗，嘴巴又甜，所以一来到公司就很有人缘，不论是主管还是同事，都被这个姑娘热情洋溢的情绪感染着。其中综合部的小莉和她的关系最好，两人年龄相仿，又是差不多时间进的公司。

因为是综合部的关系，小莉平时做的工作相对比较杂，没有我们这种技术人员在特定技术部门做的工作专一。今天工程部找她要资料，明天设计部找她归档案，后天财务部还得找她帮忙，她对此烦不胜烦。

自从小莉应聘到综合部之后，李姐就几乎只需要顶着“综合部主管”的名头，所有的工作都交接给了小莉。小莉为此忙前忙后的，原本热情高涨的工作情绪也被磨得只剩下抱怨。小莉偷偷给李姐取了个绰号，叫“老巫婆”。

小莉偶尔特别郁闷了，就会想到找 YOYO 倾诉，诸如老巫婆今天又找碴儿啦，或者是老巫婆又不知道发什么神经了……YOYO 总是站在朋友的立场宽慰她。但言多必失，小莉说着说着就会不小心抖搂一些李姐的私人问题。

YOYO 曾经对这点深为苦恼，她开玩笑地说：“小陈姐，知道的秘密太多，会不会被灭口啊？”我也只能安慰她别想太多。

意想不到的是，王副总在某天早会上忽然宣布小莉离职的消息。

消息来得太意外，几乎震惊了公司里的每个人。同事们纷纷猜测小莉离职的真正原因，YOYO 对此也是深感疑惑，她想安慰小莉，但却一直没有打通小莉的手机。

更意外的是，自从小莉离职之后，其他同事竟然开始有意无意地疏远 YOYO。

YOYO 隐约猜到了问题的缘由，但她并不能确定。

辗转下才终于弄清了同事疏远她的原因。有同事打听到小莉离职似乎是因为她的某些工作疏漏被公司抓到了把柄，在主管和其他管理者的施压下，小莉被迫离职；也有同事说，小莉因为对主管李姐的不满，到处散布李姐的谣言，因此得罪了李姐。

众说纷纭，最终却归结到一点——是 YOYO 告密，把小莉出卖了。仅仅是因为小莉平时和 YOYO 感情好，除了和她说这些事，没有深入接触过其他同事。

YOYO 顿时有种哑巴吃黄连的感觉，难怪联系不上小莉，难怪同事们也都不约而同地疏远她。但对于她的解释，同事也只是一笑置之，没有附和也没有反驳。

YOYO 问我：“小陈姐，你觉得我应该辞职吗？这个是非圈，我似乎已经有些待不下去了，再待下去好像也没有什么意思。”

我知道我没有权利左右她的选择，我只能建议她，不需要问其他人的意见或建议，听从自己内心的选择。如果她能认清这件事其中的是非问题，她自然会知道如何做出这个决定。

认清是非的缘由，遵从自己内心的呐喊，踏出去的每一步都会是新的开始。不需要担心还没有到来的未来，你要的，岁月都会给你。

·2·

原本都以为乐乐会和羊羔走到一起，成为我们圈子里的一段佳话。撮合他们俩的时候，我还调侃他们：“我们班总算也出了一对情侣。”

结果，还未来得及庆祝，两人便分道扬镳了。

这让我们一群“媒婆”深感意外，到手的鞋岂不是要飞了？（注：地方习俗，新人结婚时，需要给媒婆送一双鞋。）既然都是同学，“媒婆们”都还想再努力一把，就算为了自己的那双鞋。

乐乐对此送了我们一记大白眼，郁闷地说：“你们难道不应该是为了我的幸福嘛？！”但对于和羊羔之间的事，乐乐只是说，“你们别费劲了，我们不可能了。”再细问下去，她便索性绝口不提了。

事情大概过去了有三年之久，再遇到乐乐时，说起了当年和羊羔的那段感情，乐乐感叹道：“我们的圈子太小，是非却太多，如果连基本的信任都没有，那谈什么将来呢？”

我听得有些模棱两可，但感觉他们一定经历了什么事，否则以乐乐那股子积极乐观的心态，不至于在字里行间透露着对羊羔的埋怨和对这份感情深深的绝望。

对于感情，乐乐向来有些慢热。当时有几个朋友试探她对羊羔的感觉，她也仅仅只是表示可以尝试，但不知道能不能到爱的程度。另一方面，她和羊羔也一直保持着亲疏有致的联系。

我问乐乐："你对羊羔动过心吗？"她没有正面回答我，继续说着三年前的事。

从某天开始，羊羔忽然对她冷淡了起来，没有了之前的热络。羊羔莫名地和她说："有一项调查说，在感情的所有事情里，男朋友最讨厌女朋友跟别人说起他们之间感情的事。"

乐乐丈二和尚——摸不着头脑，腹诽："这是什么鬼？"

但在那之后，乐乐明显感觉到了羊羔的疏离，他们之间的感情发生了微妙的变化。乐乐问羊羔到底发生了什么事？还是她做了什么事让他不高兴了？

羊羔只是回了她一句"你自己和别人说了什么你自己清楚"，乐乐有些晕，羊羔又回了她："提醒你，以后交友要谨慎。"她再回复羊羔，却再没有收到消息。

她对我说："你知道吗，我当时其实已经把他当男朋友了，只是因为身在异地而没有办法约会而已。"

我好奇："那你到底和别人说了什么，以至于让羊羔这么生气呢？不惜直接放弃这段感情。"

乐乐摇摇头，说："也许是他对我感情不深吧，才放弃的。但说实话，我真的至今都想不明白我到底和谁，说了什么事，他又是听到了什么事，才会使我们走到像现在这样'只是同学'。"

她转而又补充道，“小红曾经提醒过我‘你想想你和谁说了你的性格慢热，不知道以后会和他发展到什么程度呢？’”

这不正是有一次夜宵，乐乐对我们说的吗？那天在场的大概也就四五个同学。

乐乐点头说道：“如果确实像羊羔和小红说的那样，而且羊羔也提醒了我要交友谨慎，那我想我大概已经可以猜到是谁在搬弄是非了。但是我不想问，也不想追究了，说到底还是因为我们感情不深，才会被这是非斩断了感情的线，怨不得别人。”

信任，是对是非最好的回击，也是对感情最有力的保障。只有在感情里摇曳的信任，才会被是非钻了漏洞，失去更多值得珍惜的感情。

·3·

知识付费的时代，横空出世了许多付费课程，关于外语，关于写作，关于社群……

我和沫沫就结识在一个小说写作班里，她在正式开课后不久便与某平台签约了一部小说，这让我们一众学员都羡慕不已。

授课卓老师在讲授小说写作系列课之外，额外组织了一个名曰“亲传弟子”的高阶班，只收十个名额。可想而知高阶班学费自然是分外昂贵，听他们说，这可能抵得上沿海城市一个月的工资收入。

而沫沫自然成了“亲传弟子”班中的一员，卓老师一直坚信她会成为“大神”，她也因此深得器重。

课程进行到大概三个月，沫沫发现课程不论是从授课进度还是授课内容，乃至所谓的作业点评，都和之前的招生简章完全不同。

说好的每周都有课，卓老师以各种名义推到了三周才开一次课；原本有一对一的点评作业，也成了只挑重点说，而这所谓的“重点”也仅仅只是用了5分钟的时间……课程内容严重掺水，原本的“抱团成神”也成了虚无的摆设，只剩下“亲传弟子”这一个漂亮的名头。

更严重的是，私下里几个“亲传弟子”也已经众说纷纭，甚至嚷着要退学费。有学员愤慨地说：“这哪里是付费学习，这简直就是无德敛财嘛，我要退费！”

于是，掀起了一波“亲传弟子”集体倡导退费的“战役”。

沫沫跟我说：“我其实本不想参与这件事，从宣传的角度上来说，我已经有了作品，就算是付宣传费了。”可转念一想，她又说道，“但借助学员的信任敛财，始终都是不对的行为。哪怕卓老师对我再器重，我似乎也做不到对这件事完全袖手旁观，毕竟是他错在先，我不能连这基本的是非判断都丧失了。何况我的学费也在里面呢。”

众所周知，赚钱不易，平凡的生活中，有多少人能真正做到“先建个小目标，赚他一个亿”呢？

令人更为意外的是，沫沫冷静的头脑和明锐的分析判断力，让她瞬间在一众弟子中“脱颖而出”成了卓老师的攻击对象，连她的作品也一并受到了袭击。

有很多仗义的学员私信她，私下里劝她放弃，都说像卓老师这样的骗子，是不可能会把已经敛到手的不义之财再吐出来的。

而整件事情在分析了这其中的利害关系后，沫沫无疑成了最吃力不讨好的那一个。

可沫沫坚定又信誓旦旦地说：“这是我遵循内心的选择，是对是非存在的最基本的判断，当然这也是我对自己利益的捍卫。如果连这样都退缩的话，那我大概也没必要再坚定自己想走文学路这个信念了。”

我忽然对这个姑娘由衷地起敬，接受自己的不完美，不惧怕对她的恶意攻击，坚定地捍卫自己的信念和是非观，这样纯净的心还有多少？

她说：“《无问西东》里说，这个世界缺的不是完美的人，而是从心底给出的真心、勇气、正义和同情。”

守住一颗纯净的心，从心而发，不问西东，才能在面对这复杂纷扰的世界时，坚持自己的不完美，接受日趋完美的自己。

不懂是非的心软，得这样治

要是你对是非观念模糊，分不清是非人的特质，不懂“亲君子远小人”的训诫，很可能最终会将自己陷进是非圈里。照我说，主动避险，才能避开这些突如其来，抑或是早有预谋的是非。

要是任何事情都想要有一个结论，这未免不现实。任何事情都可能存在两面性，乃至多面性，学会正确地分析和判断，没必要非争出个所以然来，很可能你争赢了事实，失去得更多。

要是能端正自己的态度，时常锻炼自己的判断能力，面对错误学会摆正立场，那么即使被是非缠身，你也能在关键时刻及时刹车。虽然你无法控制其他人传播是非，但你深知，谣言止于智者，同样，是非止于能者。

要是面对是非，你依然不知所措，那不妨问问自己内心真实的想法，一切都从心而发，遵从自己内心的声音，坚持自己的选择，勇敢地踏出去。

·锻炼判断力，避免人云亦云·

你能准确地判断出哪些是是非吗？你会明知道是蓄意的靠近而燃烧你的熊熊八卦之心吗？你会人云亦云地跟着同事或朋友瞎起哄吗？

如果你判断不了，乃至怀着八卦的好奇心去参与是非，那我要告诉你，你很可能会让自己陷入是非圈而不自知。

任何的是非背后都会伴随着不间断的麻烦事，使人身心俱疲，很多事连你自己都觉得莫名其妙，但从别人传达的信息中，你却发现你百口莫辩。你不是没有充足的判断力，你只是没有及时对是非做出判断。

比如妮八，首先她给人的先入为主的印象就是爱好谈论八卦，说人是非，即使她其实并没有恶意，但这并不妨碍其他人对她的判断。在和小林双双迟到后，由于小林依旧拿了全勤奖而使她愤愤不平，所有的同事都知道她去查看了小林的签到卡，也都知道她曾在午饭期间大庭广众说起过这件事，继而又在朋友圈写下了偏激的评论，那么在小林和大春被不知名的同事举报之后，自然而然会让同事联想到可能与妮八有关。即使妮八并没有检举揭发，且从严格意义上来说，妮八对于小林作弊这件事的是非判断是正确的，但在没有正式暴露举报人的身份前，这个锅势必会由妮八来背，导致她陷在是非中，而被同事边缘化。

·放宽心态，注重沟通·

你的心里是不是经常有一杆秤，对于是非往往必须得到明确的答案？对于有争议的事，不论与对方的情谊深浅，非要说服对方认同自己的观点才觉得舒坦？你能及时意识到自己说了不必要的话，做了不必要的事吗？

如果你不清楚任何事都有灰色地带，总想着让自己取得“胜利”才能平衡自己的心态，那你必须要知道，这样不仅伤害了彼此的感情，而且很可能使你失去更多。

我认为，不是原则性的是非问题，很多时候未必都需要有明确的结论，放宽心态，真诚地沟通，进而达到彼此认可的“和谐点”，比不必要的口舌之争来得更有实际效果。

比如郭佳佳，自恃自己的方案完美，不需要做出任何修改。即使是甲方已经抛出了深度合作的意愿，她依然不愿意进一步沟通协调，甚至在竞标会上公然和甲方起争执，致使原本最被看好的项目“遭遇滑铁卢”。其实对于修改设计方案这回事，在符合国家相关标准的前提下，根据甲方意愿或理念做相应调整，本是一件再平常不过的事，郭佳佳如果不是刚愎自用，而是选择与甲方有诚意地沟通，不仅能漂亮地竞得标的，更可能给公司带来更大的效益。

·端正态度，就事论事·

你会不会因为错误的事情是亲密的人做的而觉得无所谓呢？你有没有盲目跟风、瞎起哄的癖好呢？你能不能接受表面一套背后一套的虚伪呢？

如果你总是能很清楚自己的立场，分得清孰是孰非，能就事论事地看待是非本身，面对错误的事情能及时提出纠正的意见，而不是由情感驱使判断力，模糊着蒙混过关，你哪怕做不到旗帜鲜明，也至少是个有态度的人。

比如洛米，她在我们圈子里一直都是个打着“是非分明”的标签的人，所以即使是自己的男朋友犯错误，她也会义正词严地提出来，而不是碍于对男朋友的情感和面子，去纵容他的错误。

上班玩游戏、看小说，本身便是错误的行为，如果洛米如她男朋友大猫所愿的那样，不论是非对错，盲目地迎合他，那或许即使不失去这份感情，她也会觉得已经失去了她自己最基本的立场。而导致他们最后分手的原因，并不仅仅只是大猫上班玩游戏、看小说这码事，而是洛米看到了透过这件事所反映出来的大猫对工作和生活的态度，是自己所不能苟同和听之任之的。

·直抒胸臆，从心从简·

即使你并不想沾染是非，但偏偏是非硬是要贴上你，该怎么办？你明知道这件是非事和自己一点儿关系都没有，但所有人都认为和你有关，你会去解释，还是选择清者自清？你想主动避险，避开是非，但你发现其实你早已深陷其中，根本脱身无力，你会不会使其往更复杂的方向发展？

如果你不可避免地与是非扯上了关系，你可以选择直抒胸臆，把矛盾向当事人解释清楚；也可以选择沉默，不去进一步激化矛盾，使事情简单化，直至冷却。但千万记得，一定不可在处理方式上使问题更加复杂，要知道，牵扯的人越多，一定会使问题越复杂。

此外，我还想提醒你的是，即使事情本身有多么令人气愤，绝对不可以对其进行人身攻击。

要知道，路遥知马力，日久见人心。你真诚地面对，自然会有公道回报于你。

比如乐乐，原本她和羊羔的感情兴许会成为我们圈子里的佳话，但却成了是非下的牺牲品。她也可以深究罪魁祸首，但她并